【秘訣】紫微斗数2
格局と開運法

張 玉正・林 秀靜 著

太玄社

はじめに

紫微斗数は、十二宮で人生のすべてを表しています。

まず、命盤の「格局」の良し悪しを見たなら、続いて、十年の大限と流年の運勢を見ます。

命盤は回転させることのできる円盤に似ています。毎年の天干と連携する四化星があり、これらを推断することで各人の命運を割り出します。

紫微星の位置で子宮から亥宮まで、合わせて十二の大きな類型があります。一つの類型ごとに命宮が違いますし、また十二種類の異なる組み合せがあります。したがって、主星の三方四正には一四四個の組み合わせがあることになります。これらの組合せを熟知し、それに推断の技巧を加えれば、各人の行動パターン、人生の運勢の変化は、その中に尽きると言っても過言ではないでしょう。

二十一世紀の知識経済時代にあっては、世界は一瞬のうちにめまぐるしく変化します。

人生は起伏し定まることがありません。いわゆる命理の説からは、現実味のない話や空論は取り除くべきで、それを日常生活で活用し、実際面とお互いに結合させます。もし、このようにできるなら、紫微斗数の命理を理解した人は、未来において競争の優位者にきっとなるでしょう。

本書は、私にとって二冊目の紫微斗数の本となり、どちらかというと実用的な観点に立っています。もし、一冊目である林秀靜氏との共著『【秘訣】紫微斗数1 命盤を読み解く』を参照していただけたなら、紫微斗数の学習は必ず最良の効果を達成できるでしょう。

流年吉凶の推断法を熟知したなら、続いて開運法と連携させて自己の運勢の強弱を根拠に進退の拠り所とします。

人生で困難に遭遇した時、あるいは何かの選択の時に、紫微斗数が、問題解決と正確な決定をする助けになることを期待します。

張玉正　敬序

2020年11月1日

第2章 格局の実例と見方

第3章 紫微斗数一四四局

第4章 命宮と身宮の見方

第7章 紫微斗数による開運法

巻末資料

第1章 紫微斗数の格局

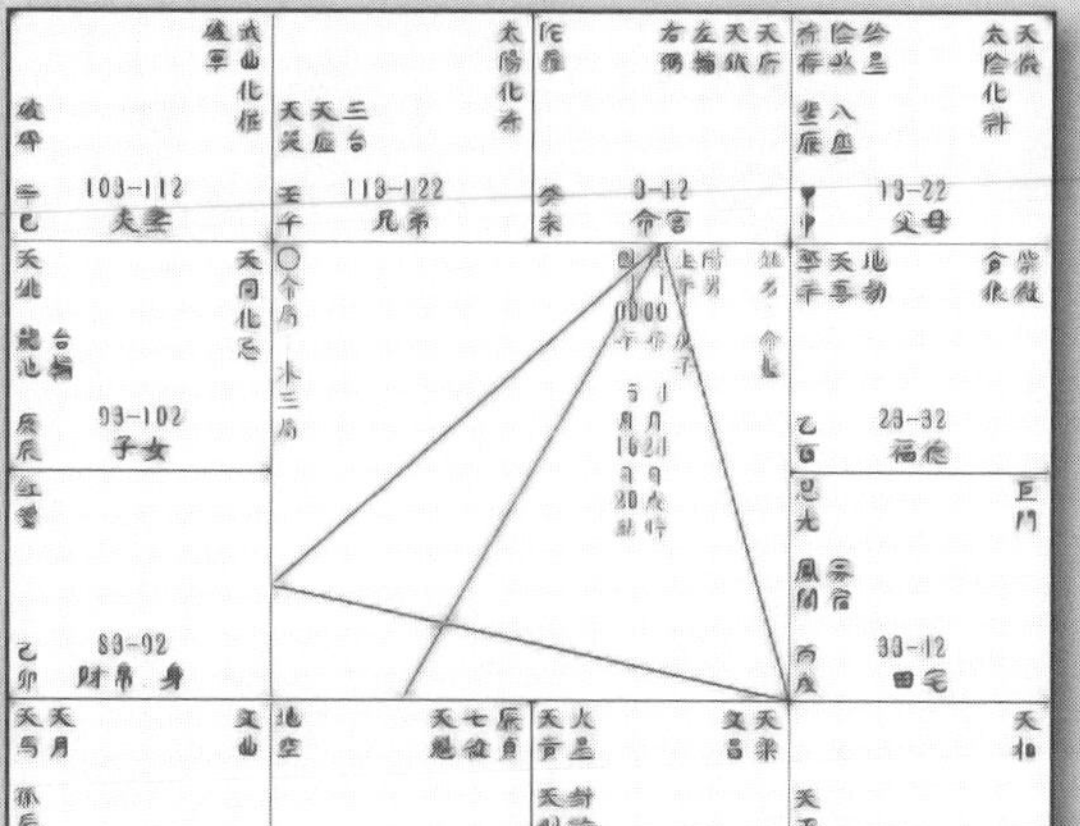

1 格局と吉凶

命盤が「格局」に合致しているかどうかは、吉凶を推論する上で非常に重要です。だから十二宮の三方四正《さんぽうしせい》（三方にある宮と本宮）が格局に合っているかどうかをしっかりと見る必要があります。

格局には吉があり凶があります。一般に、良い格局は六吉星（文昌・文曲・左輔・右弼・天魁・天鉞）に逢わなければなりません。それで、ようやく合格して吉となります。

六煞星（擎羊・陀羅・火星・鈴星・地空・地劫）に遭うのを沖破と呼び、自ずと見劣りします。同様に、良くない格局が、六吉星に逢えば、ダメージはさほど大きくはなりません。

もし煞星に遭い、また星曜が落陥の宮に入り、凶の格局であるならば、最凶になります。

吉凶を判断する見方として、四化星に逢うとき、化科・化禄・化権を吉、化忌を凶とします。

また、格局は、いくつかの条件を満たす必要があり、その結果、吉を呈するのか、それとも凶を発するのかを判断し、さらに、流年星曜の配合を加えなければなりません。

これらの見方を踏まえた上で、命盤の吉凶が交じり合っている際も、推断してみたら当てはまらない、というような結果を招かないよう注意する必要があります。

図1–1　良い格局を形成しやすい命盤

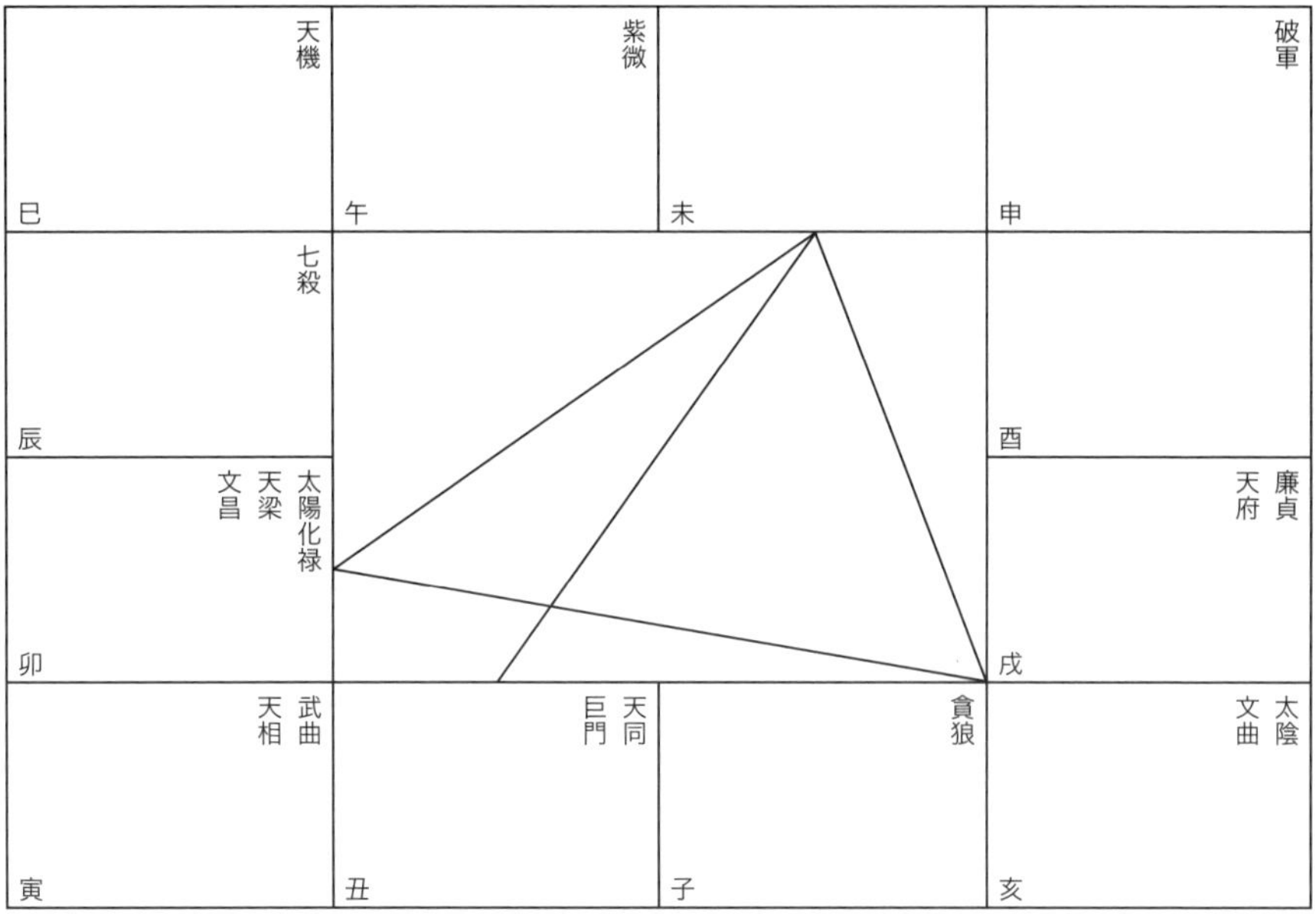

吉から凶に至るまでには五つの段階があります。

1. 吉星に逢い、吉の格局にも合致している。
2. 吉星に逢い、吉の格局には適わない。
3. 吉星に逢い、煞星や凶星にも遭う。
4. 煞星に遭い、吉星によって解かれない。
5. 煞星に遭い、凶の格局に合致している。

【格局の実例】

図1－1は、良い格局を形成しやすい命盤であり、同時にいくつかの格局を持っています。

【解説】

命宮は未宮にあり正曜はなく、対宮の丑宮にある天同・巨門を借ります。

命宮は、旺宮の太陽・太陰の会照を得ています。『紫微斗数全書』に「太陽・太陰が命宮を守るのは、太陽・太陰が照らし合うのには及ばない」とあります。

その意味は日月は丑・未宮で同宮する場合は、

日月の必ずどちらかが落陥します。しかし日月が三合宮に会照する場合は、日月は廟旺の宮位にあります。

さらに、文昌・文曲の吉星も会照します。したがって、「明珠出海格《みょうじゅしゅっかい》」となります（031ページ参照）。

『紫微斗数全書』には、「明珠出海、財と官が共に揃って美しい」と書かれています。

これは、裕福になり、高い地位を得られることを意味しています。

また、卯宮に太陽と天梁があります。この格局は「日照雷門格《にっしょうらいもん》」です。

卯刻は太陽の光が現れ始める時間で、光と熱には限りがありますが、ただし人に限りない希望を与えます。

つまり、最大限の努力を経た後に事業は成就することを示唆します。

さらに、文昌と化禄が同宮しており、すなわち「陽梁昌禄格《ようりょうしょうろく》」になります。

『紫微斗数全書』には、「陽梁昌禄は、伝臚《でんろ》で一番になる」とあります。

これは主に、先に名誉を得た後に、利益を得ます。


そして太陰は亥宮にあります。『紫微斗数全書』によれば、「月朗天門格《げつろうてんもん》」です。

聡明な人格を持ち、内向的で自制心があります。さらに、吉星の会照があれば豊かな財産と高い地位の両方を得られます。

また、亥宮の太陰は、文曲と同宮しています。

『紫微斗数全書』には、「太陰が夫妻宮で文曲に会えば、科挙試験に及第し、文章を立派にさせる」と記されています。

さらに、「妻により、貴を招き栄誉を受ける」とあります。

つまり、夫妻宮に太陰と文曲があれば、聡明で善良な妻により地位と名声を得られるという意味です。

1　紫府同宮格の命盤

太陽 地空 地劫 紅鸞 禄存 天巫 丁巳 33-42 子女	破軍 擎羊 戊午 23-32 夫妻	天機化忌 天鉞 火星 天貴 寡宿 己未 13-22 兄弟	紫微 天府 封誥 天哭 天馬 庚申 3-12 命宮・身宮
武曲 左輔 文昌 陀羅 天虚 丙辰 43-52 財帛	紫府同宮 陽女 生年：戊戌 西暦1958年旧暦1月23日午刻 西暦1958年新暦3月12日12時 命局：木三局		太陰化権 鈴星 天刑 辛酉 113-122 父母
天同 乙卯 53-62 疾厄			貪狼化禄 右弼化科 文曲 天月 壬戌 103-112 福徳
七殺 陰煞 三台 龍池 甲寅 63-72 遷移	天梁 天魁 恩光 天姚 破碎 乙丑 73-82 交友	廉貞 天相 台輔 八座 蜚廉 鳳閣 甲子 83-92 事業	巨門 天喜 孤辰 癸亥 93-102 田宅

2 紫微斗数の常用格局（四十格局）

1. 紫《し》府《ふ》同《どう》宮《きゅう》格

命宮に、紫微と天府が一緒に入るのを「紫府同宮格」と言います。寅宮と申宮の二宮だけです。

紫微は北斗の主星であり、その上、帝王の星で、主にリーダーを意味します。一方、天府は南斗の首星で、主に保守を意味します。

この二つの星は、性質が同じではありません。同宮してはいますが、かえって互いに交戦します。紫微は命令を下して指示を出したい、一方、天府はボスの性格なので協力しようとしません。

これは、「一つの山に二頭の虎は容れない」と言われ、ボス同士は相容れず、同じ場所にいられないという意味です。

それゆえ、この格局は若い時は不利です。必ず切磋琢磨しなければならない過程を経る必要があ

2　貪武同行格の命盤

<table>
<tr>
<td>紫微 七殺 文昌 天馬 陀羅
天虚
己巳　25-34
夫妻・身宮</td>
<td>地空 陰煞 禄存
庚午　15-24
兄弟</td>
<td>天貴 擎羊
封誥 天刑 天哭
辛未　5-14
命宮</td>
<td>天鉞
壬申　115-124
父母</td>
</tr>
<tr>
<td>天機 天梁化科 地劫 紅鸞
戊辰　35-44
子女</td>
<td colspan="2" rowspan="2">貪武同行
陰男
生年：己亥
西暦1959年旧暦11月24日巳刻
西暦1959年新暦12月23日10時
命局：土五局</td>
<td>廉貞 破軍 文曲化忌
破碎
癸酉　105-114
福徳</td>
</tr>
<tr>
<td>天相 鈴星 恩光
龍池
丁卯　45-54
財帛</td>
<td>天月 天喜
寡宿
甲戌　95-104
田宅</td>
</tr>
<tr>
<td>太陽 巨門 左輔 火星
天巫 孤辰
丙寅　55-64
疾厄</td>
<td>武曲化禄 貪狼化権
八座 三台 蜚廉
丁丑　65-74
遷移</td>
<td>天同 太陰 天魁 右弼
丙子　75-84
交友</td>
<td>天府
台輔 天姚 鳳閣
乙亥　85-94
事業</td>
</tr>
</table>

りますが、中年以降に、二者は打ち解け合い、人としても円滑になり、成功を収めることができます。

『紫微斗数全書』にも、「紫微と天府が同宮する場合は、左輔と右弼の功績に完全に依る」とあります。

したがって、この命格は、もし左輔・右弼・天魁・天鉞の吉星が会合すれば、格局は非常に高くなります。

2. 貪《どん》武《ぶ》同《どう》行《こう》格

貪狼と武曲が、丑・未宮に命宮を置くのを「貪武同行格」と言います。

人として理想が高く、なおかつ野心を具えています。

『紫微斗数全書』では、「主に若い時に運気が良くない。初めは貧しいが後からお金持ちになる、堅実であり出し惜しみする人である」と記されています。

3　雄宿乾元格の命盤

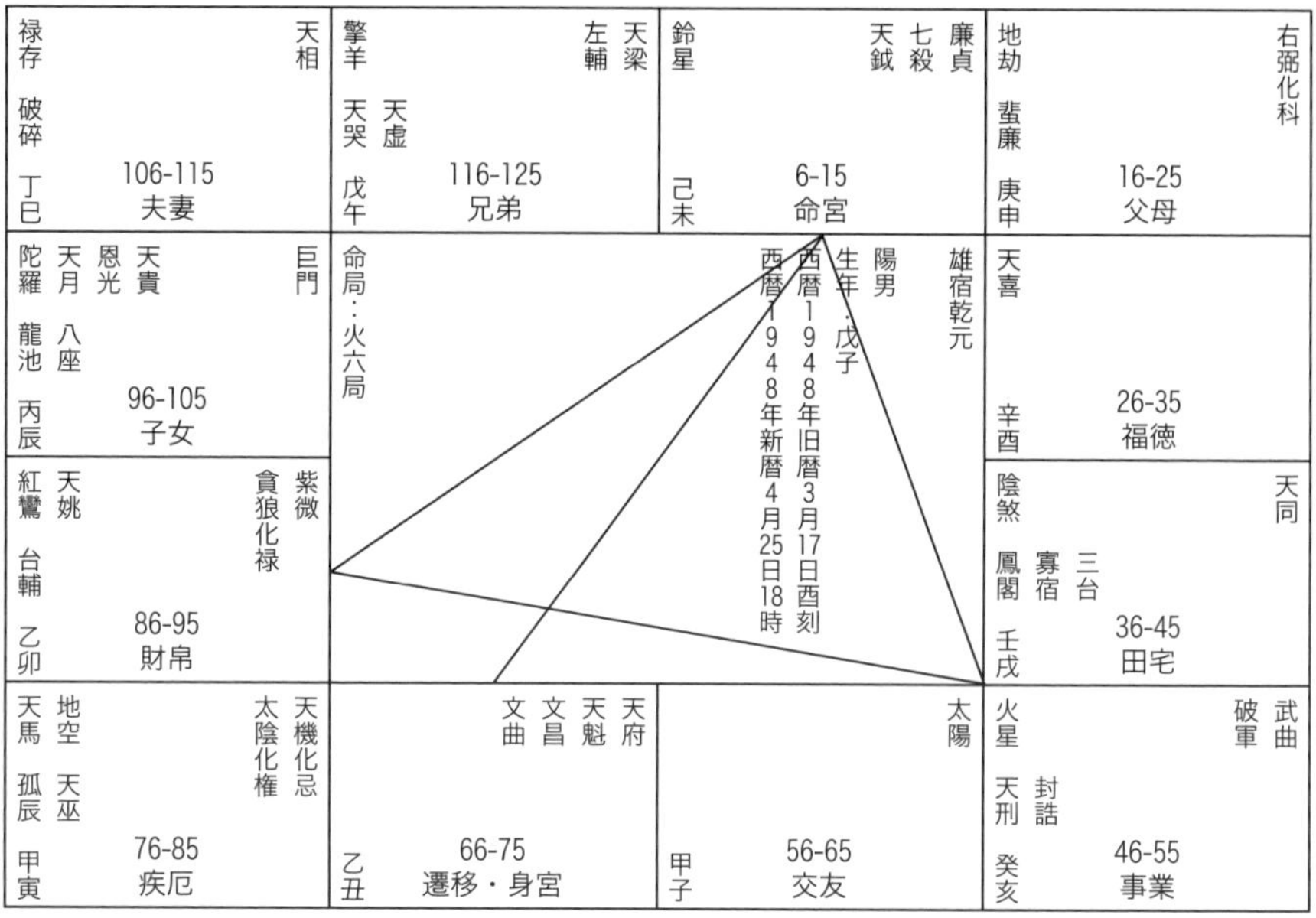

したがって、若い頃の運は比較的良くなく、一般に成功するまでに時間がかかる傾向があります。そのうえ、多くは裸一貫から財産を作り上げなければなりません。

「武曲貪狼は若い時は成功しない人」という言い方があるように、この格局の人の多くは、成功するまでに時間がかかります。

若いうちから、ただ黙々と田畑を耕すように働くことを心がけると、将来、豊かな収穫の日が待ちうけています。

3. 雄宿乾元《ゆうしゅくけんげん》格

命宮が未宮にあり、廉貞・七殺があります。廉貞は感情を主り、七殺は革新・創造を主ります。吉星と逢うかあるいは会照すれば、文武両道となり、剛柔を兼ね備えます。「雄宿乾元格」と呼び、富貴は素晴らしく、異彩を放ちます。

廉貞が、寅宮か申宮にあれば、対宮は貪狼です。二つの桃花の星曜が逢いますから、主に多

4　機月同梁格の命盤

天相 火星　龍池 陀羅　天哭 94-103 田宅 乙巳	天梁 左輔 文曲 禄存 84-93 事業・身宮 丙午	廉貞 七殺 擎羊 天虚 74-83 交友 丁未	右弼 文昌 天喜 台輔 64-73 遷移 戊申
巨門化忌 天月 封誥 104-113 福徳 甲辰	機月同梁 陰男 生年：丁丑 西暦1937年旧暦3月8日寅刻 西暦1937年新暦4月18日4時 命局：金四局		天鉞 蜚廉 地空 鳳閣 54-63 疾厄 己酉
紫微 貪狼 天姚 114-123 父母 癸卯			天同化権 陰煞 寡宿 44-53 財帛 庚戌
天機化科 太陰化禄 恩光　天巫 紅鸞　孤辰 4-13 命宮 壬寅	天府 八座 三台 地劫 破砕 14-23 兄弟 癸丑	太陽 鈴星 天貴 24-33 夫妻 壬子	武曲 破軍 天魁 天馬 天刑 34-43 子女 辛亥

芸多才。なおかつ人付き合いは広範囲です。外柔内剛といえます。甲・戊・庚・癸年生まれの人は、命宮が禄存または化禄に会うか、六吉星に会照します。すなわち権威を把握し、事業は順調に事が運びます。これもまた「雄宿乾元格」と言います。

4．機月同梁格《きげつどうりょう》

天機・太陰・天梁・天同が、三方に会合します。これを「機月同梁格」と言います。主に、人として心が善良です。策略を上手に用い、事を運ぶために綿密に計画します。

『紫微斗数全書』に、「機月同梁は官吏を作る」とあります。

したがって、この命格の人は、公職あるいは幕僚に従事するのに非常に適しています。どんなことをするのにも必ず計画を立てます。そのうえ、一定の順序に従い、段取りを踏んで物事を進めることができます。

また、吉星に会照すれば、貴重な専門知識や技

5　善蔭朝綱格の命盤

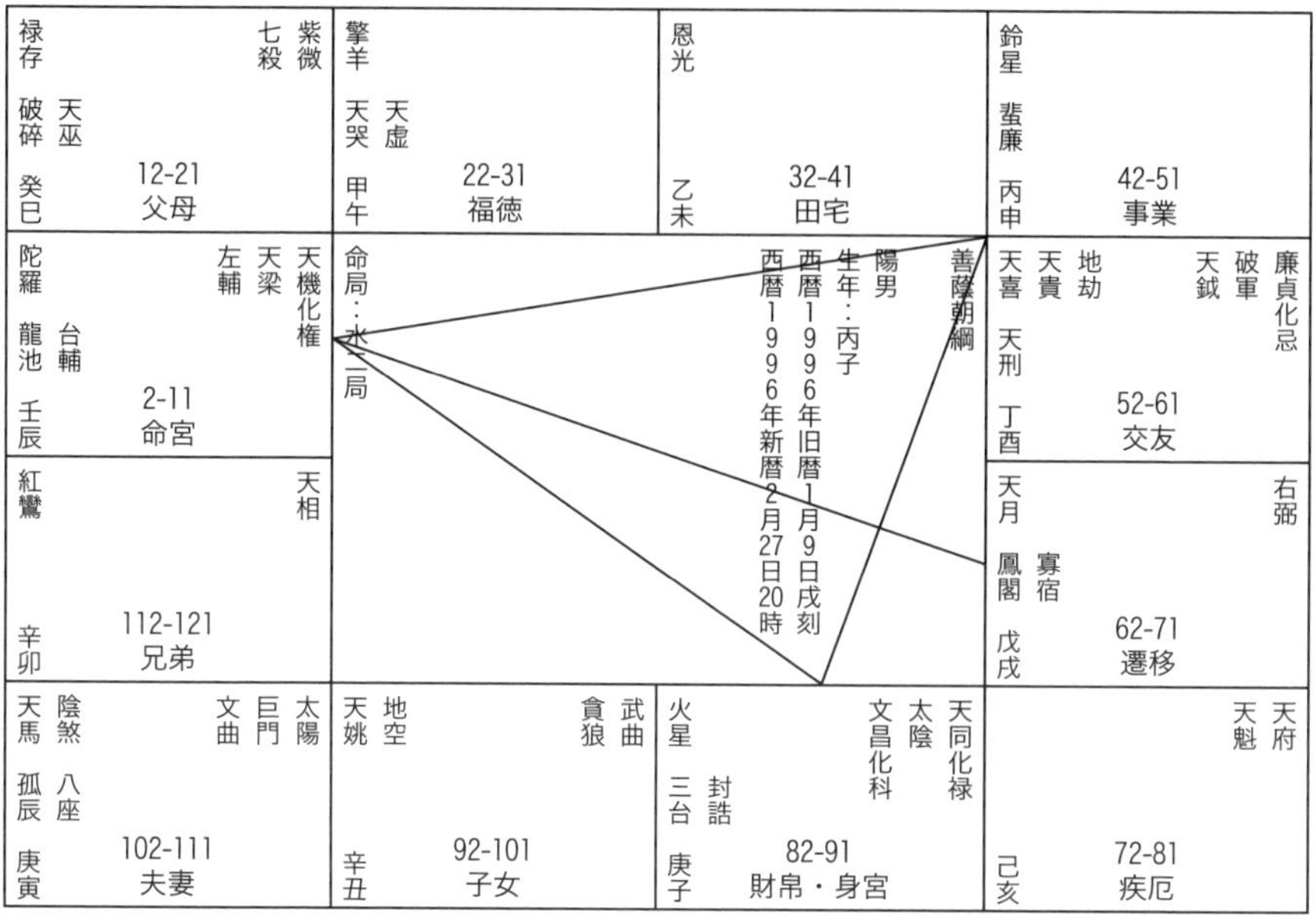

能を具えた人材になります。

5. 善《ぜん》蔭《いん》朝《ちょう》綱《こう》格

天機・天梁が辰宮にあり、命宮を置きます。

財帛宮は天同・太陰で、事業宮は対宮の太陽・巨門を借ります。いずれも旺宮にあるので、格局は比較的高くなります。

また「機月同梁」の特性もあります。

『紫微斗数全書』に、「天機天梁が左輔右弼・文昌文曲と会合すれば、文官なら清高顕達、武官なら忠正善良である」とあります。

また「天機と天梁が会えば、よく兵を談じる」とも言われます。

「天機・天梁」の特質は、弁舌の才がある、反応が速いことです。吉星に会照すると、政治に従事しても、商売に従事してもいずれも適合します。

さらに『紫微斗数全書』には、「天機と天梁が同宮すれば、必ず高い才能や技術がある」とも記されています。

これは、必ず一芸に秀でていること、あるいは、

6　巨日同宮格の命盤

紫微化権 七殺 天鉞 八座 鈴星 破砕 34-43 田宅 乙巳	左輔化科 文曲 44-53 事業・身宮 丙午	54-63 交友 丁未	右弼 文昌 天貴 台輔 天馬 孤辰 64-73 遷移 戊申
天機 天梁化禄 封誥 寡宿 天月 鳳閣 24-33 福徳 甲辰	巨日同宮 陽男 生年：壬午 西暦1942年旧暦3月16日寅刻 西暦1942年新暦4月30日4時 命局：金四局		廉貞 破軍 地空 紅鸞 三台 74-83 疾厄 己酉
天相 天魁 火星 天姚 天喜 14-23 父母 癸卯			恩光 陰煞 陀羅 龍池 84-93 財帛 庚戌
太陽 巨門 天巫 蜚廉 4-13 命宮 壬寅	武曲化忌 貪狼 地劫 114-123 兄弟 癸丑	天同 太陰 天虚 擎羊 天哭 104-113 夫妻 壬子	天府 禄存 天刑 94-103 子女 辛亥

言葉に長けていて他人を説得できることを指しています。そのため「高い技術」が必ず備わっていると、人に思わせます。

天機・天梁が命宮にある人は、敏感で、かつ人の気持ちをよく理解できるのです。

6. 巨日同宮《こじつどうきゅう》格

太陽と巨門が寅・申宮にあり、命宮を置きます。巨門は暗曜、つまり光のない星です。寅刻は、昇り始める太陽に照らされますから、巨門の長所を充分に発揮させて、短所の影響を抑えることができます。そのため、事業は、やはり成功することができます。

『紫微斗数全書』には、「巨門と太陽が同宮すれば、官は三代を封じる」とあります。

すなわち、これは、文昌・文曲、左輔・右弼、天魁・天鉞、三台・八座を喜び、「大富大貴」の格局です。

太陽・巨門が申宮にあり、命宮が置かれる場合は、太陽が落陥しているため見劣りします。

7　巨機同臨格の命盤

天梁 紅鸞　台輔 82-91 財帛 辛巳	七殺 92-101 子女 壬午	天鉞 天姚　陀羅　寡宿 102-111 夫妻・身宮 癸未	廉貞 天貴　天馬　禄存　天哭 112-121 兄弟 甲申
紫微　天相　右弼 恩光　三台　天虚 72-81 疾厄 庚辰	命局：水二局	巨機同臨 陽男 生年：庚戌 西暦1970年旧暦7月7日亥刻 西暦1970年新暦8月8日22時	擎羊 2-11 命宮 乙酉
天機　巨門　文曲 天刑 62-71 遷移 己卯			破軍　左輔 地劫　八座 12-21 父母 丙戌
貪狼 鈴星　陰煞　天巫　龍池 52-61 交友 戊寅	太陽化禄　太陰化科　天魁 封誥　破碎 42-51 事業 己丑	武曲化権　天府 地空　火星　蜚廉　鳳閣 32-41 田宅 戊子	天同化忌　文昌 天月　天喜　孤辰 22-31 福徳 丁亥

7. 巨機同臨《きょきどうりん》格

天機・巨門が卯・酉宮にあり、命宮を置きます。

『紫微斗数全書』には、「巨門と天機が卯にあれば、公卿の地位」とあります。

もし、吉星の会照があれば財官双美となり、お金と地位を共に具えます。

天機・巨門が酉宮にあり、命宮が置かれていれば、人として機知に富み計略が多く、よく争いまた議論をします。ただし、博学ではあるが、どれにも精通できないゆえ、何事においても成就することはなく、かつ竜頭蛇尾になりやすいと言えます。

『紫微斗数全書』には、「巨門天機は酉宮で吉に化す。たとえ財官に遇ってもまた栄えず」とあります。

これは、富貴になるけれども、長くは続かないという意味です。

特に煞星に逢うのを忌みます。いわゆる「破蕩《はとう》格」になります。この格は、一族がだんだんと振

8　石中隠玉格の命盤

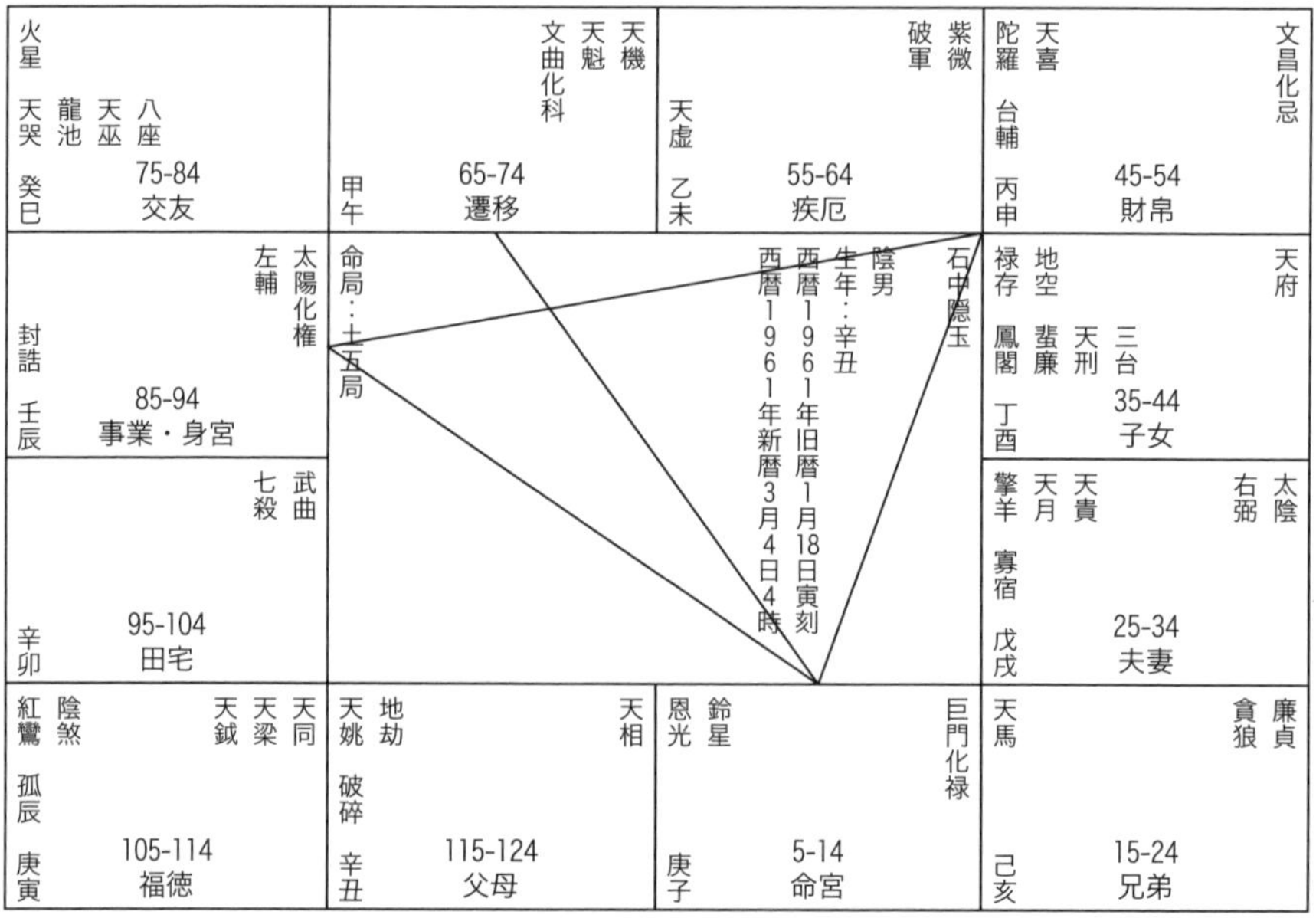

るわなくなるか、あるいは先祖から継承した家産を売り尽くす羽目に陥ります。それゆえ、無一文から家を興す、という言い方が妥当かもしれません。

8. 石《せき》中《ちゅう》隠《おん》玉《ぎょく》格

巨門が子・午宮にあり、命宮を置きます。対宮は天機です。

巨門に化禄あるいは化権が付き、それに加えて左輔・右弼、文昌・文曲、天魁・天鉞に逢えば、「石中隠玉格」となります。

この格局は、まるで、玉石が研磨の過程を経て、美しい玉になるのに似ているように、艱難辛苦を経た後に一躍有名になり、社会的な地位が急激に高まります。

「石中隠玉格」の人は、弁舌の才に関係がある仕事に従事するならば、成功しやすいでしょう。たとえば、ラジオ・テレビなどのメディア関係、広報、広告、議員、代表、弁護士、教師などで成功します。

9　七殺朝斗格の命盤

巨門 天鉞 天貴 天巫 天姚 破碎 95-104 子女 乙巳	廉貞 天相 右弼 陰煞 105-114 夫妻 丙午	天梁化禄 天月 115-124 兄弟 丁未	七殺 左輔化科 天馬 孤辰 5-14 命宮 戊申
貪狼 台輔 寡宿 鳳閣 85-94 財帛・身宮 甲辰	七殺朝斗 陽男 生年：壬午 西暦1942年旧暦5月5日戌刻 西暦1942年新暦6月18日20時 命局：土五局		天同 地劫 紅鸞 15-24 父母 己酉
太陰 天魁 恩光 天喜 75-84 疾厄 癸卯			武曲化忌 陀羅 龍池 25-34 福徳 庚戌
紫微化権 天府 文曲 八座 蜚廉 65-74 遷移 壬寅	天機 地空 鈴星 天刑 55-64 交友 癸丑	破軍 文昌 擎羊 封誥 三台 天虚 天哭 45-54 事業 壬子	太陽 火星 禄存 35-44 田宅 辛亥

9. 七殺朝斗格《しちさっちょうと》

七殺が申宮にあり、命宮を置きます。吉星に逢い、吉に化せば「七殺朝斗格」となります。

『紫微斗数全書』に「一生、爵位と官禄は繁栄昌盛する」とあります。

主に、人として権威を具えており、一つの分野を単独で担当することができます。

10　七殺仰斗格の命盤

<table>
<tr>
<td>太陽化忌
天巫
孤辰
己巳
36-45
田宅</td>
<td>破軍化権
台輔
天喜
龍池
庚午
46-55
事業</td>
<td>天機
天鉞
八座
天喜
三台
辛未
56-65
交友</td>
<td>紫微
天府
鳳閣
天馬
天虚
壬申
66-75
遷移</td>
</tr>
<tr>
<td>武曲化科
左輔
文曲
天哭
戊辰
26-35
福徳</td>
<td rowspan="2" colspan="2">七殺仰斗
陽男
生年：甲寅
西暦1974年旧暦1月28日子刻
西暦1974年新暦2月19日0時
命局：火六局</td>
<td>太陰
天刑
破砕
癸酉
76-85
疾厄</td>
</tr>
<tr>
<td>天同
鈴星
擎羊
丁卯
16-25
父母</td>
<td>貪狼
右弼
文昌
天月
蜚廉
甲戌
86-95
財帛</td>
</tr>
<tr>
<td>七殺
陰煞
禄存
封誥
丙寅
6-15
命宮・身宮</td>
<td>天梁
天魁
火星
天姚
紅鸞
陀羅
寡宿
丁丑
116-125
兄弟</td>
<td>廉貞化禄
天相
恩光
丙子
106-115
夫妻</td>
<td>巨門
地空
地劫
乙亥
96-105
子女</td>
</tr>
</table>

10. 七《しち》殺《さつ》仰《ぎょう》斗《と》格

七殺が寅宮にあり、命宮を置きます。
煞星の沖破がなければ、権威があります。
寅宮の七殺は義理を重んじ、義侠心があります。
外見は穏やかでやさしそうですが、心の中は何事にも左右されない強い意志をもっています。
貴人を得られ、助け合います。
名声と人望もまた高いです。
格局を比較すると、「七殺朝斗格」に準じます。

11　月朗天門格の命盤

<table>
<tr><td>天機 天鉞 地空 地劫 天喜
孤辰
64-73 遷移
乙巳</td><td>紫微化権 蜚廉 天貴 鳳閣
74-83 疾厄
丙午</td><td>左輔化科 右弼
84-93 財帛
丁未</td><td>破軍 火星 陰煞
封誥 龍池
94-103 子女
戊申</td></tr>
<tr><td>七殺 文昌 鈴星 天姚
三台
54-63 交友
甲辰</td><td colspan="2" rowspan="2">月朗天門
陽男
生年：壬辰
西暦1952年旧暦4月10日午刻
西暦1952年新暦5月3日12時
命局：金四局</td><td>104-113 夫妻
己酉</td></tr>
<tr><td>太陽 天梁化禄 天魁
44-53 事業
癸卯</td><td>廉貞 天府 文曲 陀羅
八座 天虚
114-123 兄弟
庚戌</td></tr>
<tr><td>武曲化忌 天相 天月 天馬
天哭
34-43 田宅
壬寅</td><td>天同 巨門
破砕 寡宿
24-33 福徳
癸丑</td><td>貪狼 恩光 擎羊
台輔 天刑
14-23 父母
壬子</td><td>太陰 紅鸞 禄存
天巫
4-13 命宮・身宮
辛亥</td></tr>
</table>

11. 月朗天門格《げつろうてんもん》

太陰が亥宮にあり、命宮を置きます。亥刻は、月まさしく盛んな時分、ゆえに「月朗天門格」となります。

またの名を「月落《げつらく》亥《い》宮《きゅう》格」と呼びます。亥宮は西北の乾卦に属します。乾は八卦では天を意味します。方位を四分割すると亥宮はまた北方となり、紫微星垣のある場所であることから「天門」と呼びます。

この格局の人は、沈着冷静で自分を律し、自制心があります。また、聡明で機知があり、男女ともに交際関係が広く、異性からの賞美を得られやすいでしょう。

吉星の会照に逢えば、豊富な財産と高い地位を共に得られます。

12　日月夾命格の命盤

天相 火星 天喜 封誥 八座 孤辰 己巳　42-51 事業	天梁 左輔 蜚廉 鳳閣 庚午　52-61 交友	廉貞化禄 七殺 天鉞 文昌 文曲 辛未　62-71 遷移・身宮	右弼 地空 龍池 壬申　72-81 疾厄
巨門 天月 戊辰　32-41 田宅	命局：水二局	日月夾命 陽男 生年：甲辰 西暦1964年旧暦3月28日卯刻 西暦1964年新暦5月9日5時	天貴 恩光 台輔 三台 癸酉　82-91 財帛
紫微 貪狼 天姚 擎羊 丁卯　22-31 福徳			天同 陰煞 天虚 甲戌　92-101 子女
天機 太陰 地劫 天馬 禄存 天巫 天哭 丙寅　12-21 父母	天府 天魁 鈴星 陀羅 破碎 寡宿 丁丑　2-11 命宮	太陽化忌 丙子　112-121 兄弟	武曲化科 破軍化権 紅鸞 天刑 乙亥　102-111 夫妻

12. 日月夾命格《にちげつきょうめい》

天府が、丑・未宮にあり、命宮を置きます。必ず、太陽と太陰とに挟まれるため、「日月夾命格」と称します。

吉星に逢えば、主に高貴。人として、多学多能、道徳的で倫理観が強く、上品です。

もし、化禄・化権、左輔・右弼、文昌・文曲に逢えば、すなわち、豊富な財産と高い地位を兼備します。

13　金燦光輝格の命盤

武曲化権 破軍 左輔 天月 破砕 113-122 兄弟 辛巳	太陽化禄 三台 天虚 天哭 3-12 命宮 壬午	天府 天鉞 鈴星 陀羅 13-22 父母 癸未	天機 太陰化科 八座 天巫 地劫 蜚廉 禄存 23-32 福徳 甲申
天同化忌 龍池 103-112 夫妻 庚辰	金燦光輝 陽男 生年：庚子 西暦1960年旧暦2月26日酉刻 西暦1960年新暦3月23日18時 命局：木三局		紫微 貪狼 右弼 天喜 擎羊 33-42 田宅 乙酉
紅鸞 台輔 93-102 子女 己卯			巨門 天刑 寡宿 鳳閣 43-52 事業 丙戌
地空 天姚 天馬 孤辰 83-92 財帛 戊寅	廉貞 七殺 天魁 文昌 文曲 天貴 恩光 73-82 疾厄 己丑	天梁 陰煞 63-72 遷移・身宮 戊子	天相 火星 封誥 53-62 交友 丁亥

13. 金燦光輝格《きんさんこうき》

太陽が午宮にあれば、太陽は中天で麗しく光り輝きます。

『紫微斗数全書』には、「大権を手に握り、個人の財富は敵国の資産と同じくらいである。しかも利益は必ず地位に伴ってやって来る」とあります。

太陽が午宮に、命宮を置いているのを、「金燦光輝格」と称します。

太陽の光が強烈なように、志もかなり大きなものとなるでしょう。

ただし、午刻は太陽が盛んな時を過ぎ、衰退を始める時でもあります。そのため、往々にして先に盛んになり、その後、衰える現象が見られます。

14　日照雷門格の命盤

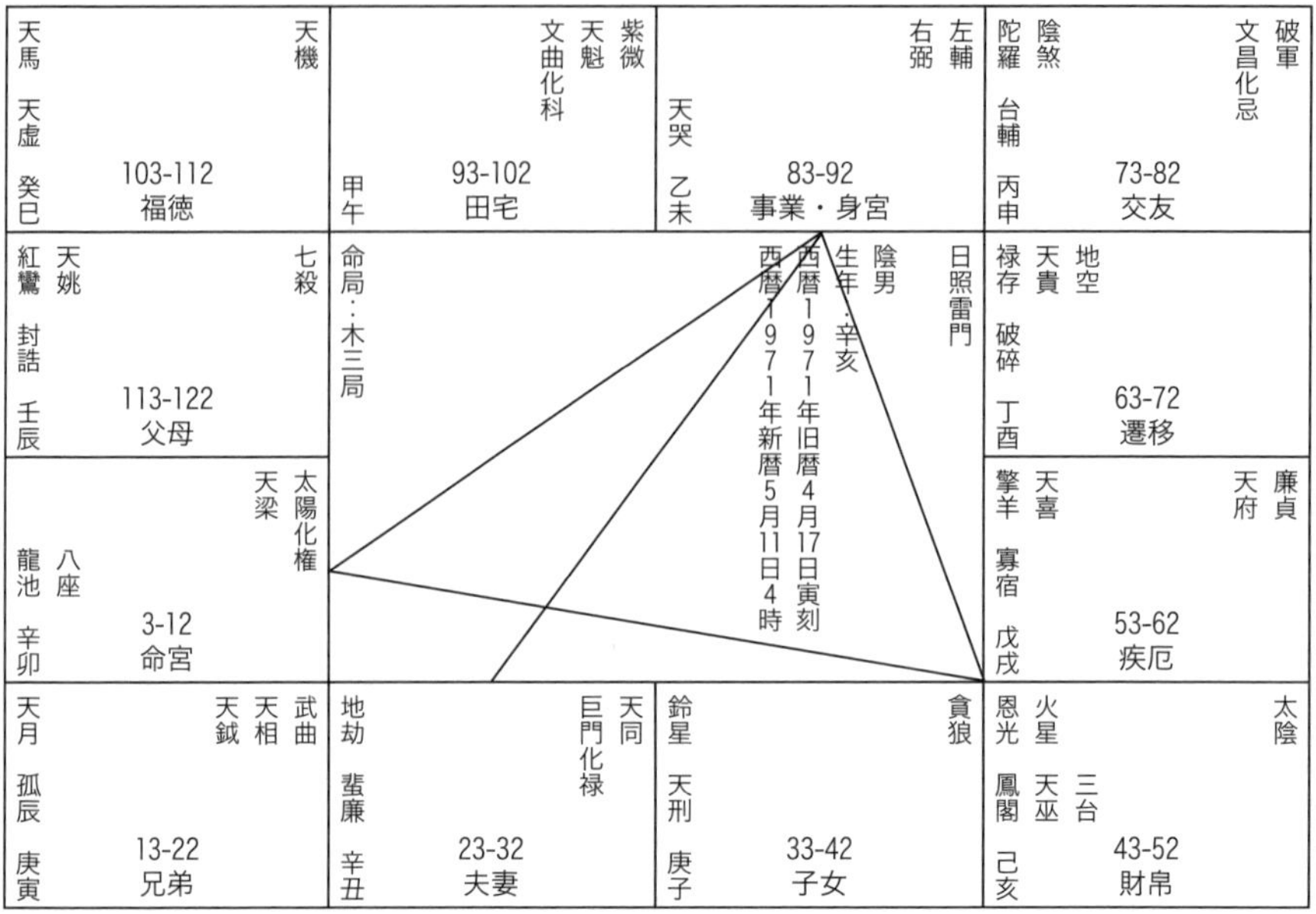

14. 日照雷門格《にっしょうらいもん》

太陽が卯宮にあり、命宮を置き、天梁と同宮します。

卯宮は東方震卦に属し、震は雷を意味することから、この格局を、「日照雷門格」と言います。

卯刻は、陽光が初めて現れる時ですが、朝日なので光と熱量には限りがあります。ただし、早朝の太陽の光は、人に尽きることのない希望を与えます。

この格局の人は、一通りの努力と苦労をした後に、事業は成功を収めやすくなります。

15　陽梁昌禄格の命盤

天機 天鉞 台輔 天巫 孤辰 24-33 福徳 乙巳	紫微化権 龍池 34-43 田宅 丙午	天喜 44-53 事業 丁未	破軍 恩光 天馬 鳳閣 天虚 54-63 交友 戊申
七殺 左輔化科 天哭 14-23 父母 甲辰	陽梁昌禄 陽男 生年：壬寅 西暦1962年旧暦1月23日亥刻 西暦1962年新暦2月27日22時 命局：金四局		天刑 破砕 64-73 遷移 己酉
太陽 天梁化禄 天魁 文曲 4-13 命宮 癸卯			廉貞 天府 右弼 地劫 天月 陀羅 蜚廉 74-83 疾厄 庚戌
武曲化忌 天相 鈴星 陰煞 三台 114-123 兄弟 壬寅	天同 巨門 天姚 紅鸞 封誥 寡宿 104-113 夫妻・身宮 癸丑	貪狼 地空 火星 天貴 擎羊 八座 94-103 子女 壬子	太陰 文昌 禄存 84-93 財帛 辛亥

15. 陽梁昌禄《ようりょうしょうろく》格

命宮は太陽・天梁で、卯・酉宮にあります。

もし命宮に、化禄および文昌が同宮あるいは会照すると、「陽梁昌禄格」と称します。

『紫微斗数全書』に、「陽梁昌禄が会照すれば、殿試後に皇帝から名前を第一番に読み上げられる」とあります。

この格局の人は、主に、先に名誉を得た後に、利益を得られます。あるいは、試験に参加すると、容易に合格し、名前を立て札に掲げられます。

16　日游龍門格の命盤

八座 龍池 天哭 112-121 父母 癸巳	天機 天魁 文昌化忌 天貴 封誥 102-111 福徳 甲午	紫微 破軍 地空 火星 天鉞 天虚 92-101 田宅 乙未	文曲化科 天喜 陀羅 82-91 事業 丙申
太陽化権 右弼 恩光 2-11 命宮 壬辰	日游龍門 陰男 生年：辛丑 西暦1961年旧暦7月12日辰刻 西暦1961年新暦8月22日8時 命局：水二局		天府 禄存 三台 蜚廉 鳳閣 72-81 交友 丁酉
武曲 七殺 地劫 天刑 12-21 兄弟 辛卯			太陰 左輔 擎羊 台輔 寡宿 62-71 遷移 戊戌
天同 天梁 天鉞 鈴星 陰煞 紅鸞 天巫 孤辰 22-31 夫妻 庚寅	天相 破砕 32-41 子女 辛丑	巨門化禄 42-51 財帛・身宮 庚子	廉貞 貪狼 天月 天馬 52-61 疾厄 己亥

16. 日游龍門《にちゆうりゅうもん》格

命宮は辰宮で太陽があります。太陰は戌宮にあります。

日月（太陽太陰）はいずれも旺宮にあり、才能は光輝を顕わすことができます。

これを「日月並明《にちげつへいめい》格」と称し、「日游龍門格」とも言います。太陽が辰にあり、辰は龍であることからこの名があります。

人柄は率直でさっぱりとしていて、聡明で記憶力に優れます。若くして選抜試験に合格します。財官双美の格局です。

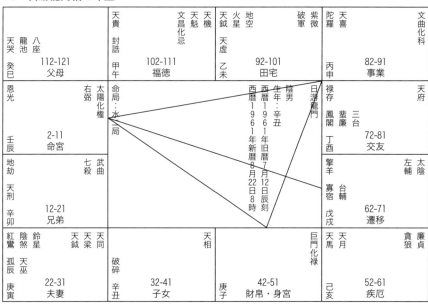

太陰が戌宮にあり命宮であれば、対宮が太陽となります。これは「丹桂光輝《たんけいこうき》格」に属します。『紫微斗数全書』に、「太陰が戌宮にあり命宮を守り、太陽は辰宮にあれば、主に富貴」とあります。

あるいは、日月が三合宮の位置を得て、そこから会照する場合もあります。たとえば、天梁が丑宮で命宮が置かれるケースです。対宮は天機にな

17　日月反背格の命盤

廉貞 貪狼 地空 地劫 天巫 天刑 龍池 天哭 癸巳 112-121 父母	巨門化禄 天魁 甲午 102-111 福徳	天相 天虚 乙未 92-101 田宅	天同 天梁 天喜 陀羅 封誥 丙申 82-91 事業
太陰 文昌化忌 鈴星 壬辰 2-11 命宮・身宮	日月反背 陰男 生年：辛丑 西暦1961年旧暦9月1日午刻 西暦1961年新暦10月10日12時 命局：水二局		武曲 七殺 火星 天貴 天姚 禄存 蜚廉 鳳閣 丁酉 72-81 交友
天府 恩光 辛卯 12-21 兄弟			太陽化権 文曲化科 陰煞 擎羊 寡宿 戊戌 62-71 遷移
天鉞 右弼 天月 紅鸞 八座 孤辰 庚寅 22-31 夫妻	紫微 破軍 破砕 辛丑 32-41 子女	天機 左輔 台輔 三台 庚子 42-51 財帛	天馬 己亥 52-61 疾厄

り、しかも三合宮にある太陽・太陰と会合します。

しかし、『紫微斗数全書』には、「日月が三合宮から守るのは、日月が照らし合うのには及ばない」と記されています。

17. 日月反背格《にちげつはんはい》

太陰と太陽はいずれも陥宮にあります。そのため、「日月反背格」と称します。

たとえば、太陽は戌宮にあり、太陰が辰宮にありますが、どちらも、光輪はありません。

「日月反背」の命局は、必ず吉星と逢っているかどうかが、とりわけ重要です。

吉星の扶助があれば、青年時に発達します。

もし吉星の補助がなければ、間違いなく辛酸をなめ尽くします。生きていく上で苦労が多々あり、一生懸命に働きます。

裸一貫から家を興さなければならず、無一文から一代で財産を築き上げます。

18　日月同臨格の命盤

天梁 右弼 地空 地劫 禄存 破砕 85-94 事業 癸巳	七殺 天姚 擎羊 75-84 交友 甲午	火星 65-74 遷移 乙未	廉貞化忌 封誥 天巫 天馬 孤辰 55-64 疾厄 丙申
紫微 天相 文昌化科 陰煞 陀羅 寡宿 鳳閣 95-104 田宅 壬辰	日月同臨 陽女 生年：丙午 西暦1966年旧暦6月19日午刻 西暦1966年新暦8月5日12時 命局：土五局		天鉞 左輔 鈴星 恩光 紅鸞 45-54 財帛 丁酉
天機化権 巨門 天貴 天月 天喜 三台 105-114 福徳 辛卯			破軍 文曲 龍池 35-44 子女 戊戌
貪狼 天刑 蜚廉 115-124 父母 庚寅	太陽 太陰 5-14 命宮・身宮 辛丑	武曲 天府 台輔 天虚 天哭 15-24 兄弟 庚子	天同化禄 天魁 八座 25-34 夫妻 己亥

18. 日月同臨格《にちげつどうりん》

命宮に太陽・太陰が同宮し、丑・未宮にある時、これを「日月同臨格」と称します。

太陽・太陰が同宮する時に、太陽は未宮で旺となり、太陰は丑宮で旺となります。

日月は同宮すれば、必ず片方の星が落陥します。この場合は吉星の会照が必要です。

たとえば、文昌・文曲の会照があるとします。『紫微斗数全書』に、「太陰太陽が文昌文曲に会えば、出世して権力や富を得て栄える」とあります。これを、「日月は共に明るい」と言います。

また、擎羊・陀羅に遭うのを最も忌みます。その個性は、暗くなったり明るくなったりと定まりません。これは「日月は光が無い」に変わったからです。

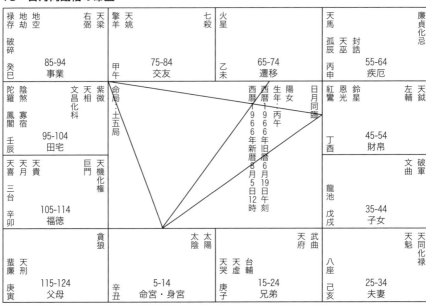

19　英星入廟格の命盤

太陽 天鉞 天姚 天馬 八座 天巫 破碎 蜚廉 孤辰 丁巳 16-25 兄弟	破軍化禄 右弼 陰煞 天喜 台輔 戊午 6-15 命宮・身宮	天機 天月 鳳閣 龍池 己未 116-125 父母	紫微 天府 左輔 庚申 106-115 福徳
武曲 文曲 天貴 丙辰 26-35 夫妻	英星入廟 陰男 生年：癸卯 西暦1963年旧暦5月14日子刻 西暦1963年新暦7月4日0時 命局：火六局		太陰化科 火星 三台 天虚 辛酉 96-105 田宅
天同 天魁 天哭 乙卯 36-45 子女			貪狼化忌 文昌 鈴星 恩光 壬戌 86-95 事業
七殺 封誥 甲寅 46-55 財帛	天梁 擎羊 天刑 寡宿 乙丑 56-65 疾厄	廉貞 天相 紅鸞 禄存 甲子 66-75 遷移	巨門化権 地空 地劫 陀羅 癸亥 76-85 交友

19. 英星入廟格《えいせいにゅうびょうかく》

破軍が子・午宮にあり命宮であれば「英星入廟格」と言います。

勇敢で決断力がある人です。開拓精神があって物事を創始します。

対宮には、廉貞と天相があります。天相は慎み深く慎重な星で、廉貞は感情の星です。この二星は、破軍が命宮の人に節制させるので、その人の一生の浮き沈みを抑えます。

『紫微斗数全書』に、「煞星がなく吉星に逢えば、官職の資格は清高顕達、位は三公にまで至る」とあります。

また、「煞星に逢えば、孤独で身体に障害がある」とも記されています。

煞星に逢えば、あくせく働き奔走せざるを得なく、孤独で病気がちになります。

このことから、破軍は非常に良くなったり、また非常に悪くなったりする特性があることがわかります。

20　府相朝垣格の命盤

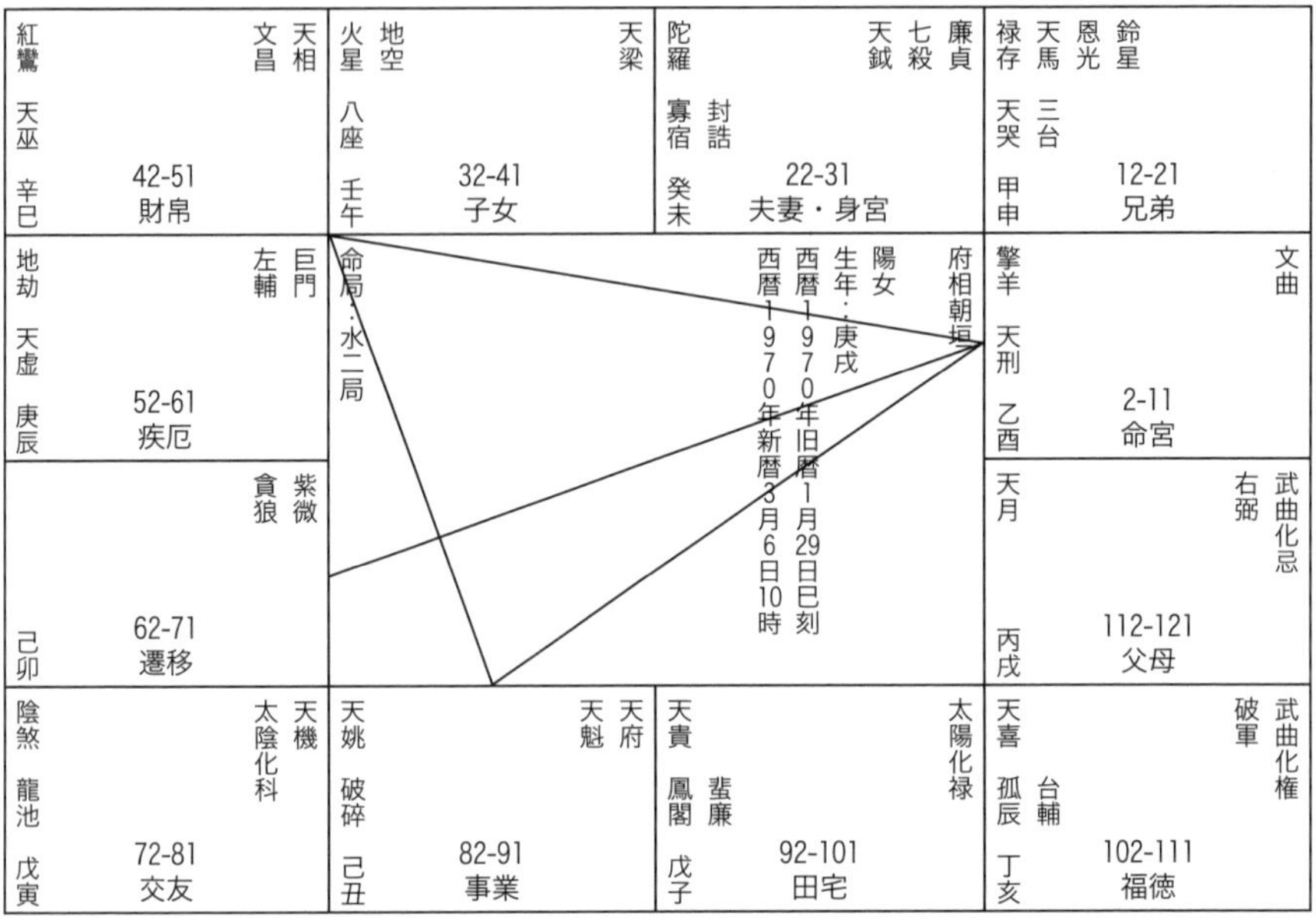

20. 府《ふ》相《そう》朝《ちょう》垣《えん》格

天府・天相が三方から命宮に会照するのを「府相朝垣格」と呼びます。

たとえば、命宮が酉宮にある場合、卯宮の紫微と貪狼を借ります。

事業宮に天府があり、財帛宮に天相がある場合、「府相朝垣格」となります。

『紫微斗数全書』に、「天府と天相が命宮に同会すれば、千鍾の食禄がある」とあります。

基本的に、この種の格局は、吉曜に逢えば上格になりやすいのですが、保守的であり、受け身でもあります。

21　三奇嘉会格の命盤

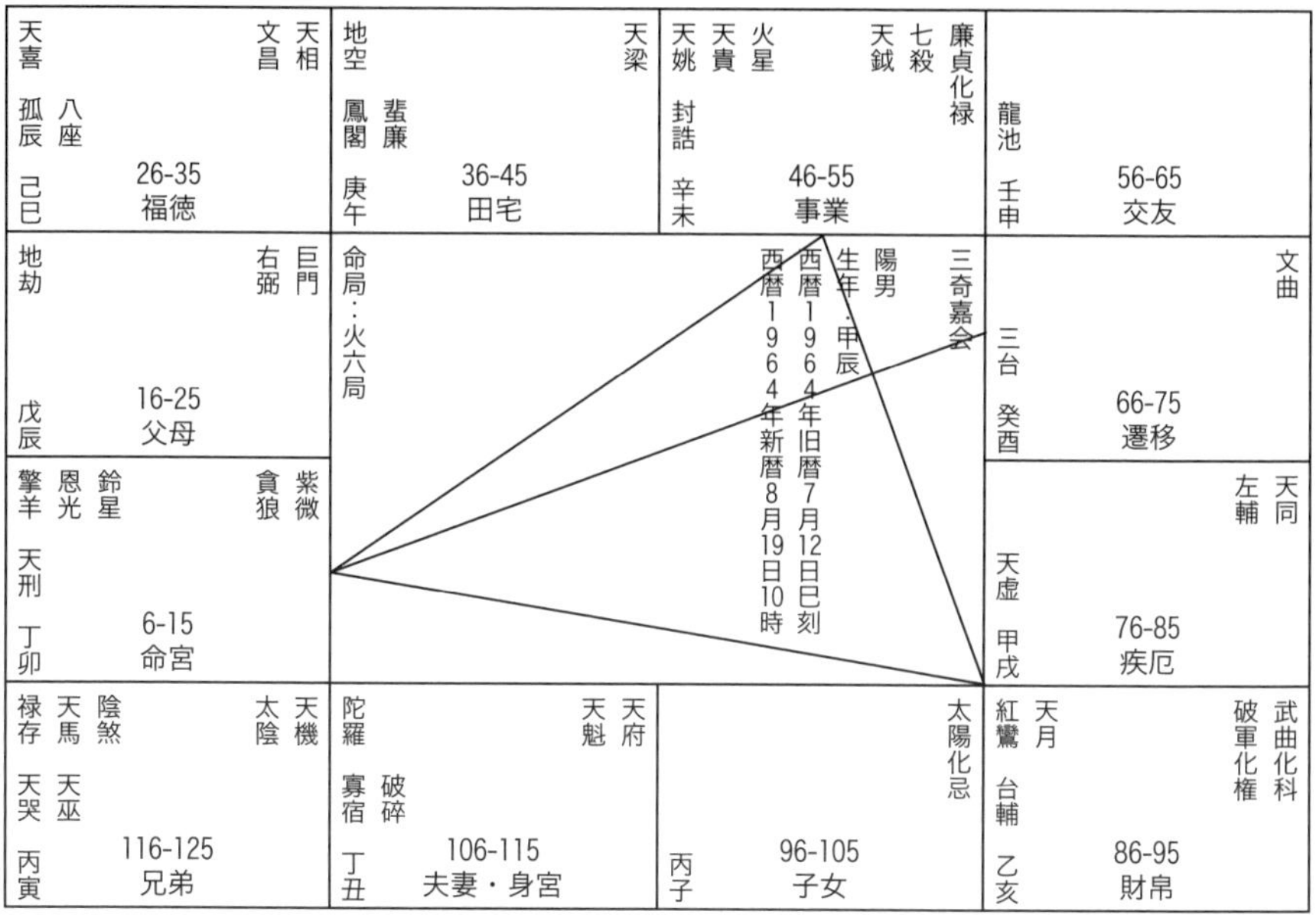

21. 三奇嘉会《さんきかかい》格

命宮・身宮の三方四正の位置に、化権・化禄・化科があって逢えば、科権禄の「三奇嘉会」を形成します。

たとえ、化忌が会照していたとしても、格局は成立し、主に、財官双美です。豊富な財産と高い地位を共に得られます。

三奇嘉会は、命宮・身宮の三方四正に科権禄が集中します。そのため、古人は〝最も完美が難しい〟格局とみなしました。特に化忌がその他の六宮にある場合は、吉星の助けがあるかどうか注意が必要です。そうでなければ、煞星や化忌が集中してしまい、容易に破格を形成してしまうからです。

22　貪火相逢格の命盤

紫微 七殺 禄存 天巫 天刑 44-53 事業 丁巳	擎羊 54-63 交友 戊午	天鉞 鈴星 紅鸞 寡宿 64-73 遷移・身宮 己未	地劫 74-83 疾厄 庚申
天機化忌 天梁 陀羅 蜚廉 34-43 田宅 丙辰	貪火相逢 陽男 生年：戊申 西暦1968年旧暦9月25日酉刻 西暦1968年新暦11月15日18時 命局：金四局		廉貞 破軍 天姚 破碎 84-93 財帛 辛酉
天相 台輔 24-33 福徳 乙卯			陰煞 天哭 94-103 子女 壬戌
太陽 巨門 右弼化科 地空 八座 天月 鳳閣 天馬 天虚 14-23 父母 甲寅	武曲 貪狼化禄 天魁 文昌 文曲 天喜 4-13 命宮 乙丑	天同 太陰化権 左輔 天貴 三台 恩光 龍池 114-123 兄弟 甲子	天府 封誥 火星 孤辰 104-113 夫妻 癸亥

22. 貪火相逢格《どんかそうほう》

貪狼自身に化禄が付くか、あるいは化禄が加会して、火星・鈴星に逢えば、「貪火相逢格」あるいは「貪鈴相逢格《どんれいそうほう》」になります。

命宮あるいは身宮、三方四正の位置に会照すれば、みな格局は成立します。

政治に従事しても、商売に従事しても、いずれも成功します。そして、裕福になり、高い地位にも就くことができます。

23　木火通明格の命盤

太陰化権 恩光 天姚 紅鸞 禄存 天巫 116-125 兄弟 丁巳	貪狼化禄 右弼化科 陰煞 擎羊 台輔 6-15 命宮・身宮 戊午	天同 巨門 天鉞 天月 寡宿 16-25 父母 己未	武曲 天相 左輔 天馬 天哭 26-35 福徳 庚申
廉貞 天府 文曲 三台 陀羅 天虚 106-115 夫妻 丙辰	木火通明 陰男 生年：戊戌 西暦1958年旧暦5月9日子刻 西暦1958年新暦6月25日0時 命局：火六局		太陽 天梁 36-45 田宅 辛酉
鈴星 96-105 子女 乙卯			七殺 文昌 八座 46-55 事業 壬戌
破軍 封誥 龍池 86-95 財帛 甲寅	天魁 天刑 火星 破砕 76-85 疾厄 乙丑	紫微 蜚廉 鳳閣 66-75 遷移 甲子	天機化忌 地空 地劫 天貴 天喜 孤辰 56-65 交友 癸亥

23. 木《もっ》火《か》通《つう》明《めい》格

命宮の貪狼が、午宮の旺宮にあります。対宮の遷移宮には、紫微があります。

もし、吉星の会照に逢えば、「木火通明格」となり、裕福になって、高い地位にも就くことができます。

この格局は、貪狼の興味が広範なことから、火星あるいは鈴星の会照を喜びます。この場合は、格局はさらに良くなります。

24　馬頭帯剣格の命盤

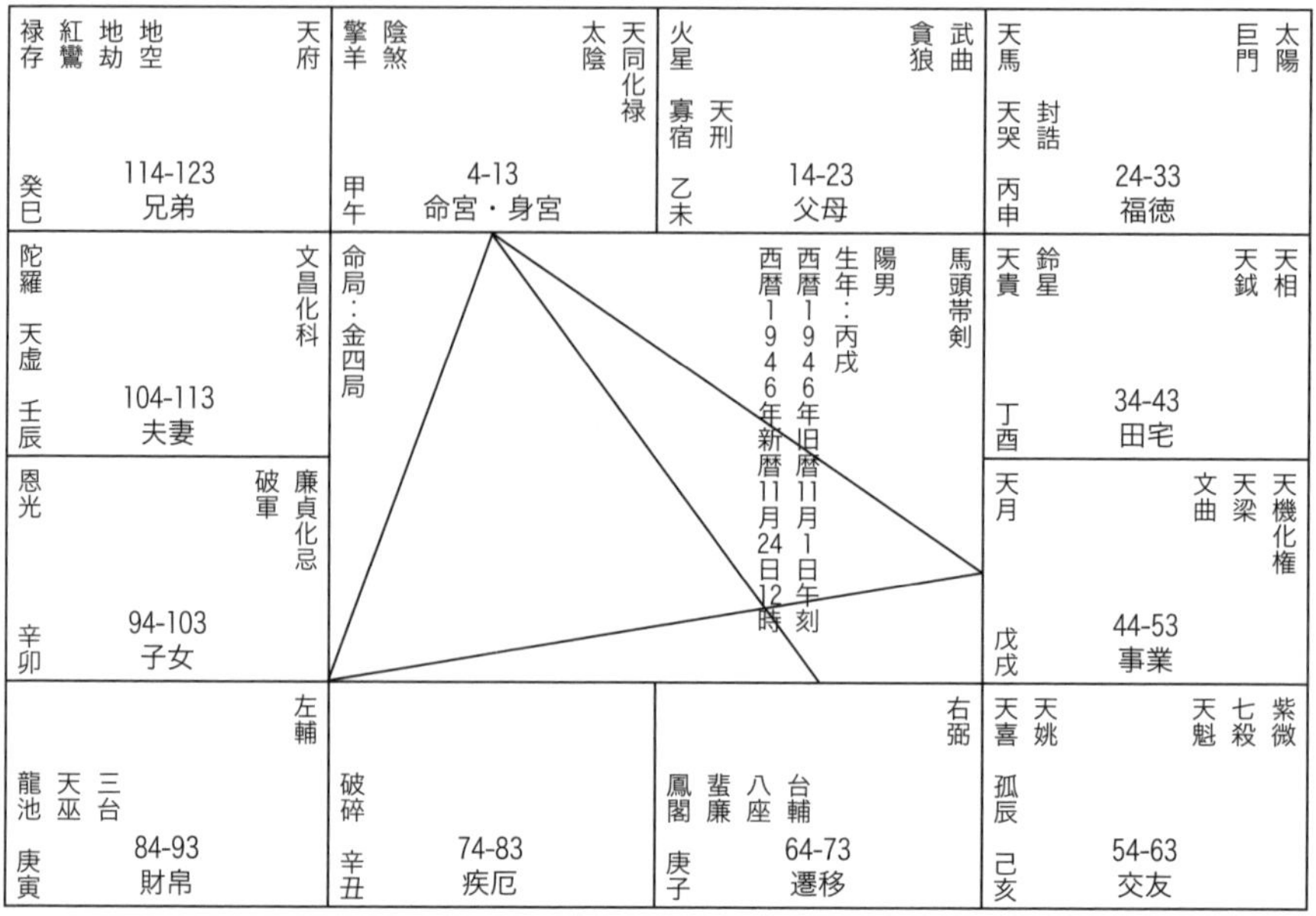

24. 馬《ば》頭《とう》帯《たい》剣《けん》格

天同・太陰が午宮にあり命宮を置きます。そして化禄と擎羊が同宮・加会する時、この格局に当てはまります。

天同は、擎羊によって刺激されるため、怠惰とは無縁になります。

一通りの苦労と努力を経験してから、ようやく事業は成功します。

これを「馬頭帯剣格」と称し、主に、富貴双全です。

25　月生滄海格の命盤

紫微 七殺 天鉞 文曲 天馬 破碎 蜚廉 孤辰 丁巳　54-63　交友	天喜 八座 戊午　64-73　遷移	台輔 鳳閣 龍池 己未　74-83　疾厄	三台 天刑 庚申　84-93　財帛
天機 天梁 陰煞 丙辰　44-53　事業	月生滄海 陰女 生年：癸卯 西暦1963年旧暦12月6日丑刻 西暦1964年新暦1月20日2時 命局：金四局		廉貞 破軍化禄 文昌 天貴 天虚 辛酉　94-103　子女
天相 天魁 左輔 封誥 天哭 乙卯　34-43　田宅			地空 火星 壬戌　104-113　夫妻
太陽 巨門化権 天月 甲寅　24-33　福徳・身宮	武曲 貪狼化忌 恩光 擎羊 寡宿 乙丑　14-23　父母	天同 太陰化科 地劫 天姚 紅鸞 禄存 甲子　4-13　命宮	天府 右弼 鈴星 陀羅 天巫 癸亥　114-123　兄弟

25. 月生滄海格《げっしょうそうかい》

天同と太陰が子宮の旺宮にあります。吉星の会照に逢えば、「月生滄海格」になります。男女共に柔和で優雅です。

富貴の格局で、豊かな富と高い地位を得られます。

また、『紫微斗数全書』に「太陰が子にあり、丙・丁生まれの人は、富貴忠良」とあります。

すなわち、丙生まれの人は、午宮に擎羊があり、「馬頭帯剣格」の変格になります。

また、丁生まれの人は、対宮に禄存があり、「双禄交流格」を形成します。そのため、特に良いとされています。

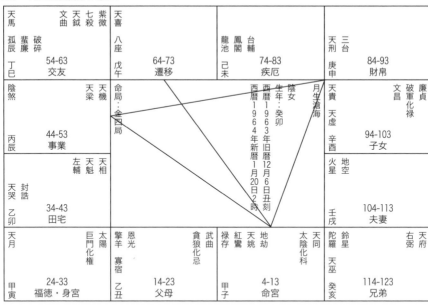

26　坐貴向貴格の命盤

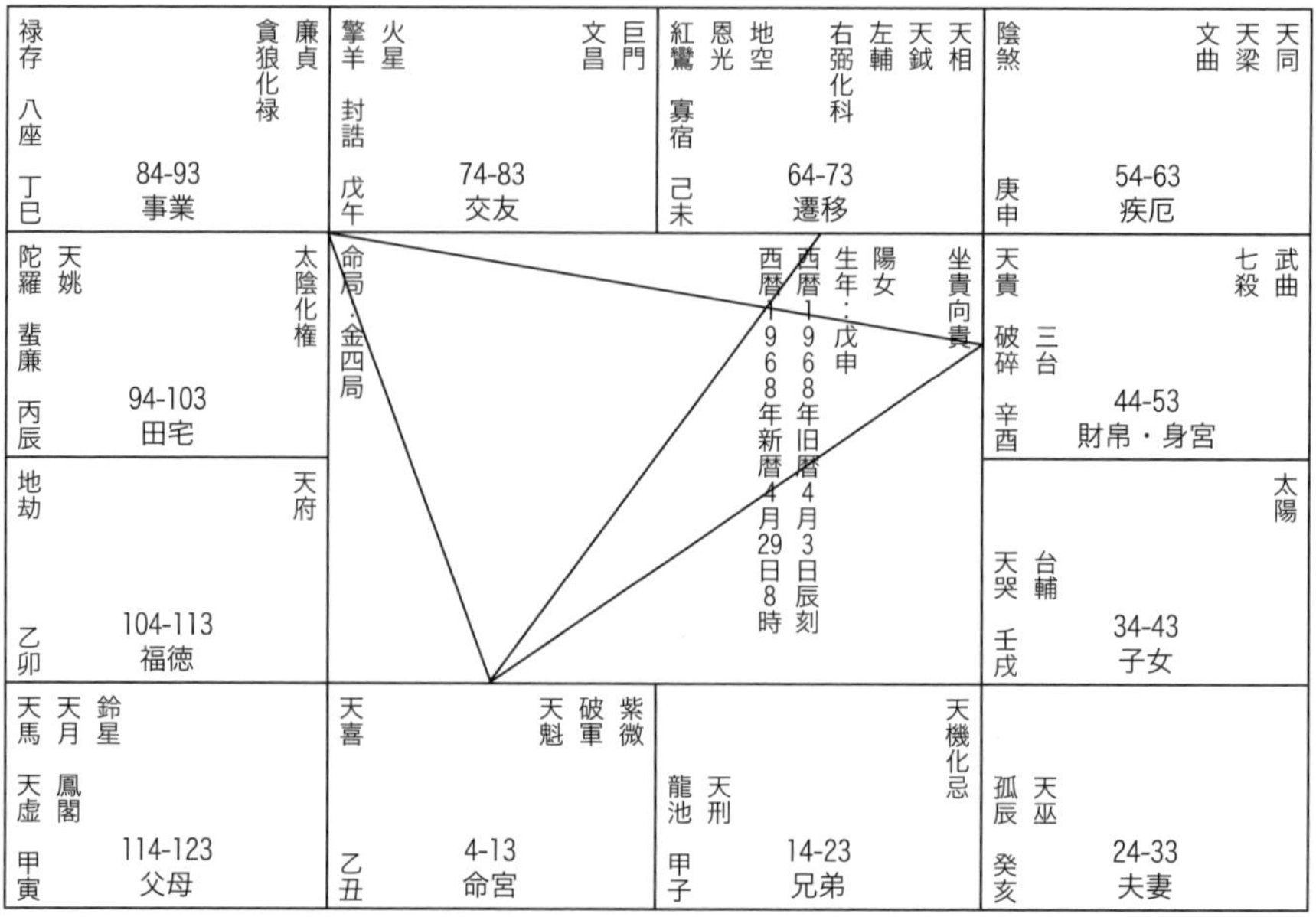

26. 坐貴向貴格《ざきこうき》

天魁あるいは天鉞が、一つは命宮にあり、もう一つは遷移宮にある場合、「坐貴向貴格」を形成します。

甲・戊・庚年生まれの人は、天魁・天鉞は、必ず丑宮と未宮にあります。したがって、間違いなく「坐貴向貴格」となります。

主に財官双美です。

この格局は、またの名を「天乙拱命格《てんいつきょうめい》」とも呼び、その一生において、地位や身分の高い人からの協力を得られ、凶に逢っても吉に化すことができます。

27　明珠出海格の命盤

天機 地空 地劫 天馬 破碎 蜚廉 孤辰 24-33 夫妻 癸巳	紫微 天魁 天喜 14-23 兄弟 甲午	鳳閣 龍池 4-13 命宮・身宮 乙未	破軍 陀羅 封誥 天刑 114-123 父母 丙申
七殺 文昌化忌 鈴星 天貴 陰煞 八座 34-43 子女 壬辰	明珠出海 陰男 生年：辛卯 西暦1951年旧暦12月20日午刻 西暦1952年新暦1月16日12時 命局：金四局		禄存 天虚 104-113 福徳 丁酉
太陽化権 天梁 左輔 火星 天哭 44-53 財帛 辛卯			廉貞 天府 文曲化科 恩光 擎羊 三台 94-103 田宅 戊戌
武曲 天相 天鉞 天月 54-63 疾厄 庚寅	天同 巨門化禄 寡宿 64-73 遷移 辛丑	貪狼 天姚 紅鸞 台輔 74-83 交友 庚子	太陰 右弼 天巫 84-93 事業 己亥

27. 明珠出海《みょうじゅしゅっかい》格

命宮に正曜がなく、対宮の丑宮にある天同・巨門を借ります。

この命局は、旺宮の太陰・太陽の会照を得ています。

文昌・文曲、天魁・天鉞、左輔・右弼の同宮か会照があるか、あるいは両脇から挟まれれば、「明珠出海格」と称します。

『紫微斗数全書』に、「高貴な真珠が海から出てくる、財官双美である」とあります。

それゆえに、裕福となり高い地位に就くことができます。

28　財蔭夾印格の命盤

紫微 七殺 天馬 天虚 23-32 福徳 癸巳	天魁 火星 陰煞 33-42 田宅 甲午	天刑 鈴星 天哭 43-52 事業 乙未	地劫 陀羅 53-62 交友 丙申
天機 天梁 紅鸞 13-22 父母 壬辰	財蔭夾印 陰女 生年：辛亥 西暦1971年旧暦11月14日酉刻 西暦1971年新暦12月31日18時 命局：木三局		廉貞 破軍 禄存 破砕 63-72 遷移・身宮 丁酉
天相 天梁 台輔 三台 龍池 3-12 命宮 辛卯			天月 天喜 擎羊 寡宿 73-82 疾厄 戊戌
太陽化権 巨門化禄 天鉞 左輔 地空 天巫 孤辰 113-122 兄弟 庚寅	武曲 貪狼 文昌化忌 文曲化科 天貴 恩光 蜚廉 103-112 夫妻 辛丑	天同 太陰 右弼 93-102 子女 庚子	天府 封誥 八座 天姚 鳳閣 83-92 財帛 己亥

28. 財《ざい》蔭《いん》夾《きょう》印《いん》格

天相が命宮にあります。

天相は学問の星です。そのため、極めて優秀なプランナーとなります。

もし、巨門の宮に化禄があれば、すなわち「財蔭夾印格」となり、財（化禄）と蔭（天梁）が印星を両側から挟みます。

そのため、一生、衣服や俸給に事欠くことがありません。

重ねて吉星の応援があれば、豊かな財産と高い地位が期待できます。

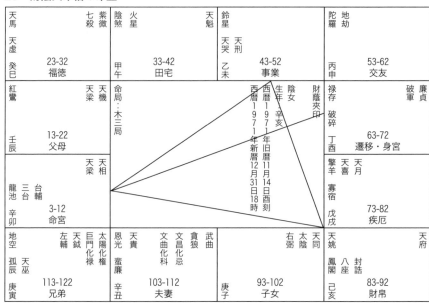

29　刑忌夾印格の命盤

天府 陀羅 封誥 破碎 乙巳　85-94　財帛	天同化権 太陰化禄 火星 陰煞 紅鸞 禄存 丙午　95-104　子女	武曲 貪狼 文昌 文曲 天貴 恩光 擎羊 天刑 寡宿 丁未　105-114　夫妻	太陽 巨門化忌 地空 戊申　115-124　兄弟
甲辰　75-84　疾厄	命局：土五局	刑忌夾印 陰女 生年：丁酉 西暦1957年旧暦11月2日卯刻 西暦1957年新暦12月22日6時	天相 天鉞 台輔 天哭 己酉　5-14　命宮
廉貞 破軍 三台 天虚 癸卯　65-74　遷移・身宮			天機化科 天梁 天月 庚戌　15-24　父母
左輔 地劫 天巫 壬寅　55-64　交友	鈴星 鳳閣 龍池 癸丑　45-54　事業	右弼 天喜 壬子　35-44　田宅	紫微 七殺 天魁 天姚 天馬 八座 蜚廉 孤辰 辛亥　25-34　福徳

29. 刑《けい》忌《き》夾《きょう》印《いん》格

天相が命宮にあれば、基本的に、人として心が善良です。

その言動は信用に値し、約束は必ず守ります。そのうえ、正義感に溢れています。

天相の前後の宮には、必ず天梁と巨門があります。

もし、巨門がある宮に化忌があれば、すなわち「刑忌夾印格」となり、刑（天梁の別名）と化忌が印星（天相）を挟みます。

この天相は、通常、大勢に順応して人との争いを起こさない、事なかれ主義の人です。お人好しな性格を持ちます。

また、仕事に対峙するときの迫力が不足し、事業と財産については、どれも順調ではありません。人と比べて孤独です。

30　化煞為権格の命盤

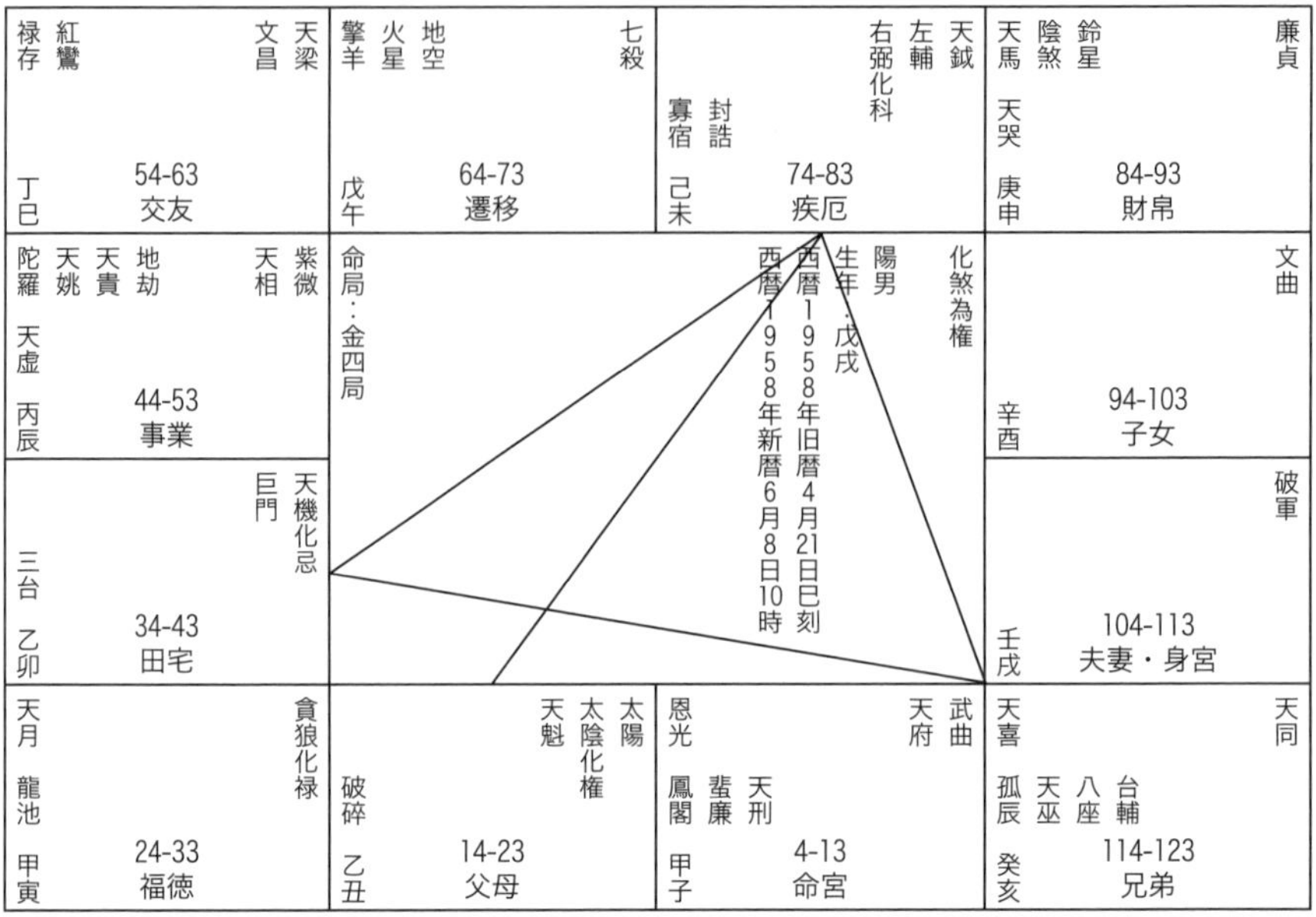

30. 化《か》煞《さつ》為《い》権《けん》格

命宮・身宮の三方四正に、いずれも煞星があり、吉星をみない場合、艱難辛苦を経験し、辛酸をなめ尽くした後に、やっと成功することができます。いわゆる古人が言う、「一《いち》技《ぎ》之《の》長《ちょう》」、つまり専門技術の学習が必要です。

あるいは、「特別な道で有名になる」こともあります。

すなわち、優れた才能を所持していながら、かえって公職・高官を任されにくい傾向があります。

ただし、技芸で身を立てられるので、安心立命し、さらには有名になります。

31　羊陀夾忌格の命盤

廉貞 貪狼 文昌 破碎 辛巳 32-41 子女	巨門 地空 天虚 天哭 壬午 22-31 夫妻・身宮	天相 天鉞 火星 陀羅 封誥 癸未 12-21 兄弟	天同化忌 天梁 天貴 禄存 天刑 蜚廉 甲申 2-11 命宮
太陰化科 地劫 恩光 陰煞 龍池 庚辰 42-51 財帛	羊陀夾忌 陽女 生年：庚子 西暦1960年旧暦12月25日巳刻 西暦1961年新暦2月10日10時 命局：水二局		武曲化権 七殺 文曲 天喜 擎羊 乙酉 112-121 父母
天府 左輔 鈴星 紅鸞 三台 己卯 52-61 疾厄			太陽化禄 寡宿 鳳閣 丙戌 102-111 福徳
天月 天馬 孤辰 戊寅 62-71 遷移	紫微 破軍 天魁 己丑 72-81 交友	天機 天姚 戊子 82-91 事業	右弼 台輔 八座 天巫 丁亥 92-101 田宅

31. 羊《よう》陀《だ》夾《きょう》忌《き》格

禄存がある宮に、重ねて化忌の同宮があれば、「羊陀夾忌格」と称します。

その一生は多災多難です。

流年がこの宮に巡り、三方四正に重ねて化忌が会照すると、その年は非常に波瀾万丈です。

32　禄馬交馳格の命盤

<table>
<tr>
<td>天梁
天姚　天巫
天喜　孤辰
94-103
子女
己巳</td>
<td>七殺
右弼
蜚廉
陰煞　鳳閣
104-113
夫妻
庚午</td>
<td>天鉞
恩光
天月
114-123
兄弟
辛未</td>
<td>廉貞化禄
左輔
鈴星　龍池
4-13
命宮
壬申</td>
</tr>
<tr>
<td>紫微
天相
台輔
三台
84-93
財帛・身宮
戊辰</td>
<td colspan="2" rowspan="2">禄馬交馳
陽男
生年：甲辰
西暦1964年旧暦5月21日戌刻
西暦1964年新暦6月30日20時
命局：金四局</td>
<td>地劫
天貴
14-23
父母
癸酉</td>
</tr>
<tr>
<td>天機
巨門
擎羊
74-83
疾厄
丁卯</td>
<td>破軍化権
八座
天虚
24-33
福徳
甲戌</td>
</tr>
<tr>
<td>貪狼
文曲
天馬
禄存　天哭
64-73
遷移
丙寅</td>
<td>太陽化忌
太陰
天魁
天刑
地空　破砕
陀羅　寡宿
54-63
交友
丁丑</td>
<td>武曲化科
天府
文昌
火星　封誥
44-53
事業
丙子</td>
<td>天同
紅鸞
34-43
田宅
乙亥</td>
</tr>
</table>

32. 禄《ろく》馬《ば》交《こう》馳《ち》格

天馬星は必ず、寅・申・巳・亥の宮にあります。天馬星の対宮に化禄あるいは禄存があるか、もしくは化禄あるいは禄存の対宮に天馬があるのを、「禄馬交馳格」と称します。

この格局は、環境の変化によって発展し、豊かな財を招きます。

移動・移転によってチャンスをつかむことが多く、それで人生は名誉と利益を得ることができます。

33　双禄交流格の命盤

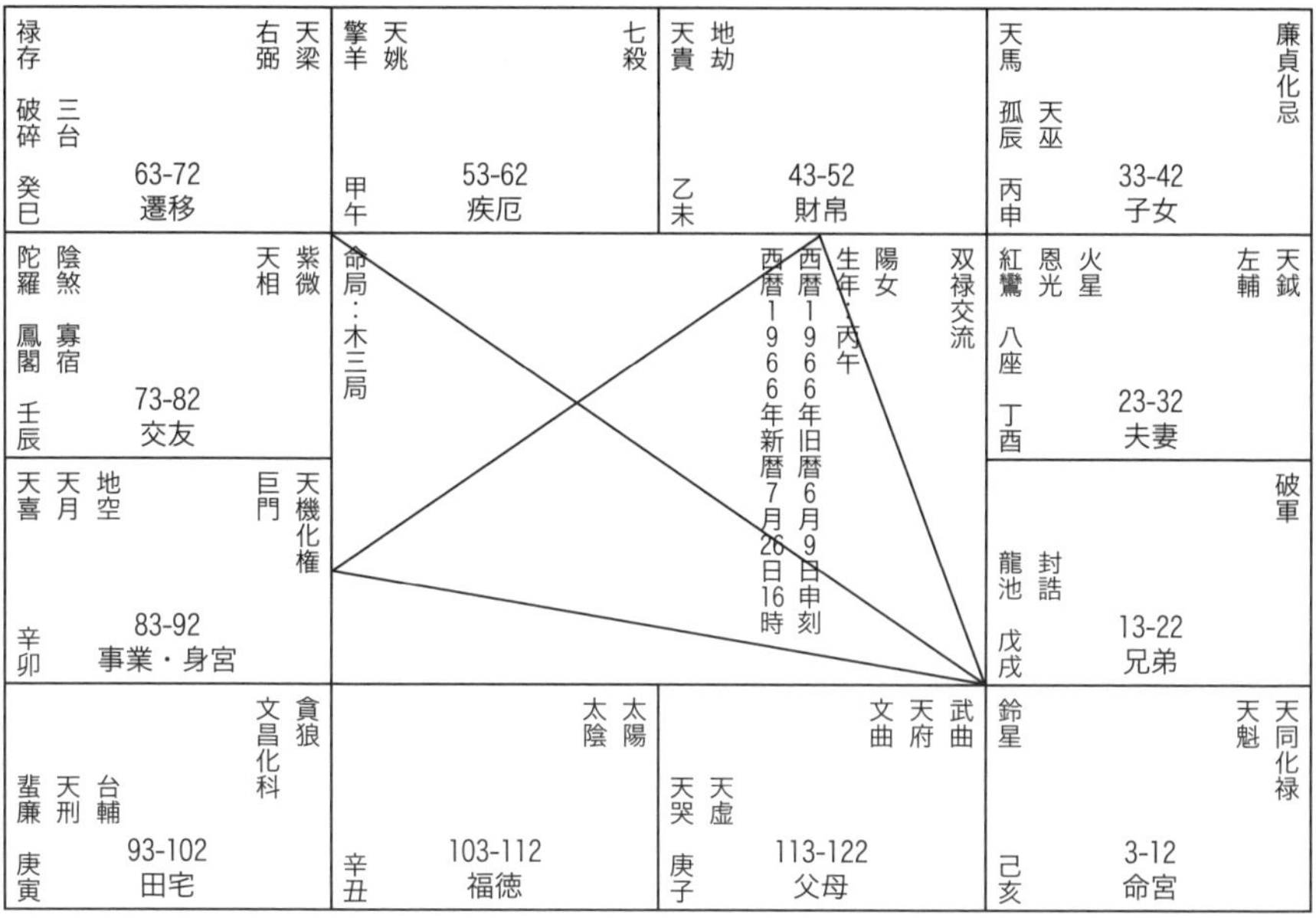

33. 双禄交流格《そうろくこうりゅうかく》

化禄と禄存がお互い対宮になると「双禄交流格」を形成します。

命宮と遷移宮に化禄と禄存を同時に見れば、一生の財運は非常に良いです。

もし、桃花の星に多く逢わなければ、事業はどれも大きく成功します。

34　極響離明格の命盤

<table>
<tr>
<td>天機
天馬　陀羅
封誥　天虚
15-24
兄弟
己巳</td>
<td>紫微
天貴　恩光　禄存
5-14
命宮
庚午</td>
<td>文昌
文曲化忌
天月　擎羊
天哭
115-124
父母
辛未</td>
<td>破軍
天鉞
地空　天姚
105-114
福徳
壬申</td>
</tr>
<tr>
<td>七殺
紅鸞
天刑
25-34
夫妻
戊辰</td>
<td colspan="2" rowspan="2">極響離明
陰男
生年：己亥
西暦1959年旧暦8月13日卯刻
西暦1959年新暦9月15日6時
命局：土五局</td>
<td>台輔　破砕
95-104
田宅
癸酉</td>
</tr>
<tr>
<td>太陽
天梁化科
右弼
八座　龍池
35-44
子女
丁卯</td>
<td>廉貞
天府
天喜
寡宿
85-94
事業
甲戌</td>
</tr>
<tr>
<td>武曲化禄
天相
地劫
孤辰
45-54
財帛
丙寅</td>
<td>天同
巨門
鈴星
蜚廉
55-64
疾厄
丁丑</td>
<td>貪狼化権
天魁
火星　陰煞
65-74
遷移・身宮
丙子</td>
<td>太陰
左輔
三台　天巫　鳳閣
75-84
交友
乙亥</td>
</tr>
</table>

34. 極響離明格《きょくきょうりめい》

紫微が午宮にあり、それが命宮である場合、「極響離明格」と言います。

何事においても超然とした性格の持ち主です。

『紫微斗数全書』に、「紫微が午宮にあり煞星が集まらなければ、位は公卿にまで至る」とあります。

紫微星が午宮にあり、もし煞星が多く会照しなければ、社会的地位はとても高くなります。

35　寿星入廟格の命盤

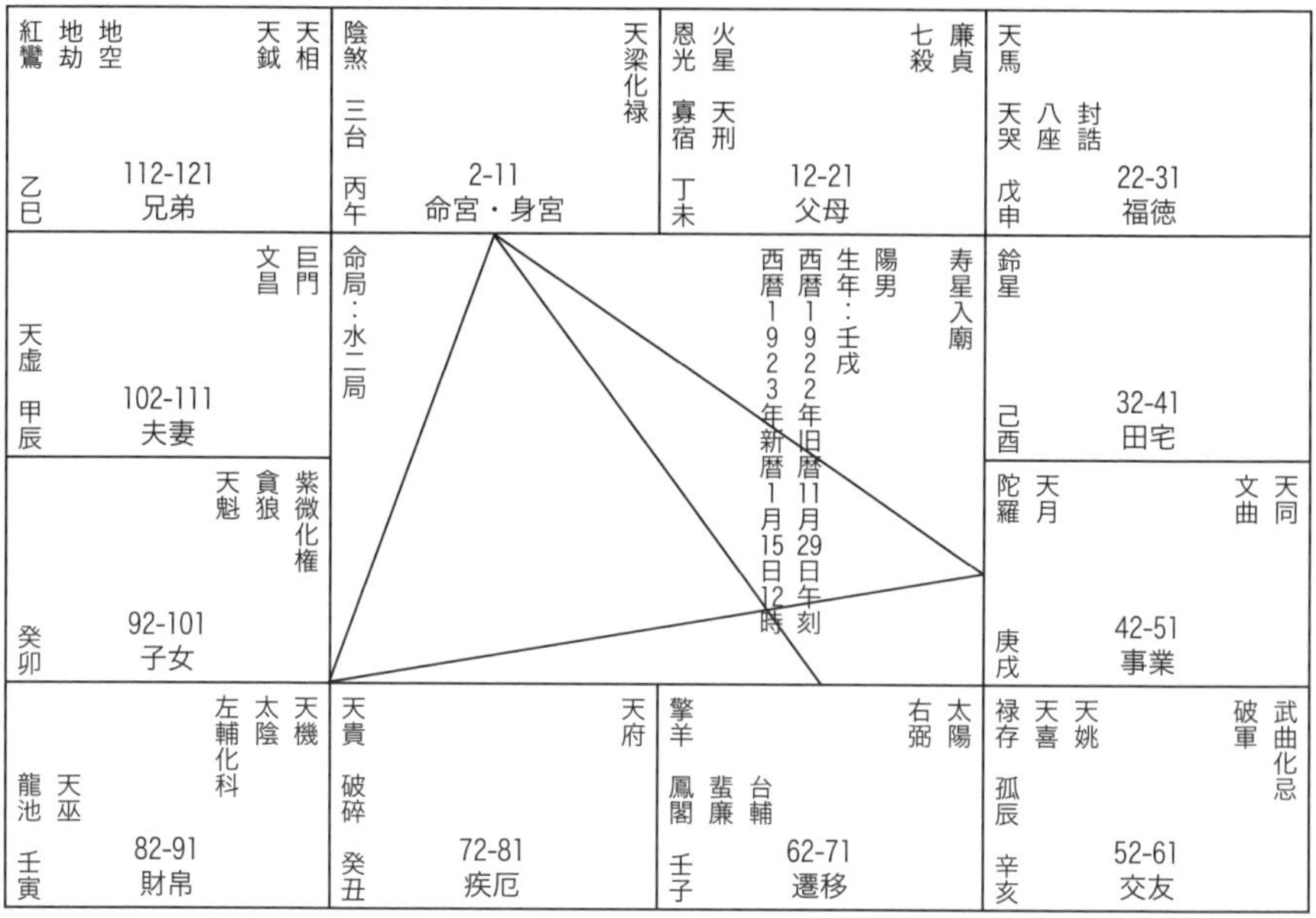

35. 寿星入廟格《じゅせいにゅうびょう》

天梁が午宮にあり、命宮を置きます。人として正直で私利私欲がなく、どっしりと落ち着いていて円熟しています。

高潔な人物であり、名士の風格があります。

『紫微斗数全書』に、「天梁が午宮にあれば、官職の資格は清高顕達して、位は三公にまで至る」とあります。

したがって、吉星の会照に逢えば、社会的な地位が得られるので、高官となり、豊かな俸禄をもらえる宿命です。

36　双禄朝垣格の命盤

天機 封誥 鳳閣 2-11 命宮 癸巳	紫微 天魁 火星 112-121 父母 甲午	文昌化忌 文曲化科 八座 三台 天姚 蜚廉 102-111 福德 乙未	破軍 地空 陀羅 孤辰 92-101 田宅 丙申
七殺 右弼 天喜 寡宿 12-21 兄弟 壬辰	双禄朝垣 陰男 生年：辛巳 西暦1941年旧暦7月10日卯刻 西暦1941年新暦9月1日6時 命局：水二局		台輔 破碎 禄存 龍池 82-91 事業 丁酉
太陽化権 天梁 天喜 恩光 天刑 22-31 夫妻 辛卯			廉貞 天府 左輔 紅鸞 擎羊 72-81 交友 戊戌
武曲 天相 天鉞 地劫 陰煞 天巫 32-41 子女 庚寅	天同 巨門化禄 鈴星 天哭 42-51 財帛 辛丑	貪狼 52-61 疾厄 庚子	太陰 天月 天馬 天虚 62-71 遷移・身宮 己亥

36. 双禄朝垣格《そうろくちょうえん》

命宮・身宮の三合宮位に化禄と禄存があって会照すれば、「双禄朝垣格」と称します。

たとえば、命宮は巳宮にあります。その場合、巳酉丑は三合宮にあたります。すなわち、酉・丑宮位に化禄と禄存があれば会照します。

酉の事業宮に禄存があり、丑の財帛宮に化禄星があるので、「双禄朝垣格」に該当します。また、吉星の会照もあります。財官双美の格局です。

この格局の人は、豊富な財産と高い地位を全て具えます。

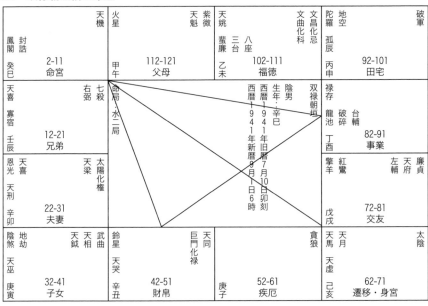

37　鈴昌陀武格の命盤

太陰 火星 天巫 龍池 天哭 癸巳 75-84 交友	貪狼 天魁 文曲化科 甲午 65-74 遷移	天同 巨門化禄 天虚 乙未 55-64 疾厄	武曲 天相 文昌化忌 天喜 陀羅 台輔 丙申 45-54 財帛
廉貞 天府 左輔 封誥 八座 壬辰 85-94 事業・身宮	鈴昌陀武 陰男 生年：辛丑 西暦1961年旧暦1月7日寅刻 西暦1961年新暦2月21日4時 命局：土五局		太陽化権 天梁 天刑 蜚廉 地空 禄存 鳳閣 丁酉 35-44 子女
辛卯 95-104 田宅			七殺 右弼 天月 擎羊 三台 寡宿 戊戌 25-34 夫妻
破軍 天鉞 陰煞 紅鸞 孤辰 庚寅 105-114 福徳	地劫 恩光 天姚 破砕 辛丑 115-124 父母	紫微 鈴星 庚子 5-14 命宮	天機 天貴 天馬 己亥 15-24 兄弟

37. 鈴昌陀武格《れいしょうだぶ》

命宮に武曲、鈴星、文昌、陀羅が同宮するか、または三方四正の宮に会照すると「鈴昌陀武格」という格局を作ります。

『紫微斗数全書』には、「鈴昌陀武、その大限に至れば川に身を投げる」とあります。

これは、ひどく危険な出来事や損失が多いことを指しています。

この「鈴昌陀武格」は凶格です。

流年で、煞星や化忌星に逢えば、この格局が発動し、必ず良くない事態が発生します。

38　桃花犯主格の命盤

天相 右弼 天喜 孤辰 辛巳 25-34 福徳	天梁 文昌 火星 恩光 天姚 封誥 蜚廉 鳳閣 壬午 35-44 田宅	廉貞 七殺 天鉞 地空 陀羅 癸未 45-54 事業	文曲 天貴 禄存 天巫 龍池 甲申 55-64 交友
巨門 陰煞 八座 庚辰 15-24 父母	桃花犯主 陽男 生年：庚辰 西暦1940年旧暦6月14日辰刻 西暦1940年新暦7月18日8時 命局：土五局		左輔 擎羊 乙酉 65-74 遷移
紫微 貪狼 地劫 天月 己卯 5-14 命宮			天同化忌 台輔 三台 天虚 丙戌 75-84 疾厄
天機 太陰化科 鈴星 天馬 天刑 天哭 戊寅 115-124 兄弟	天府 天魁 破砕 寡宿 己丑 105-114 夫妻	太陽化禄 戊子 95-104 子女	武曲化権 破軍 紅鸞 丁亥 85-94 財帛・身宮

38. 桃《とう》花《か》犯《はん》主《しゅ》格

命宮が紫微・貪狼で、卯・酉宮にあります。もし煞星に逢い、重ねて紅鸞・天喜、咸池、天姚、沐浴などの桃花の星に逢う場合、『紫微斗数全書』に言う、「桃花犯主格」です。

愛情豊かで感受性が強い人ですが、誰か一人に集中することができません。そのため、物事に過剰に反応し悩みを抱えがちです。それゆえに、往々にして、桃花が事業の発展に影響を及ぼします。

39　君臣慶会格の命盤

天喜 孤辰 己巳 105-114 夫妻	天機 天貴 鳳閣 蜚廉 庚午 115-124 兄弟	紫微 破軍化権 天鉞 左輔 右弼 辛未 5-14 命宮	鈴星 陰煞 龍池 壬申 15-24 父母
太陽化忌 恩光 天姚 台輔 戊辰 95-104 子女	君臣慶会 陽男 生年：甲辰 西暦1964年旧暦4月18日戌刻 西暦1964年新暦5月29日20時 命局：土五局		天府 地劫 癸酉 25-34 福徳
武曲化科 七殺 擎羊 丁卯 85-94 財帛・身宮			太陰 天虚 甲戌 35-44 田宅
天同 天梁 文曲 天月 天馬 禄存 八座 天哭 丙寅 75-84 疾厄	天相 天魁 地空 陀羅 破砕 寡宿 丁丑 65-74 遷移	巨門 文昌 封誥 三台 天刑 火星 丙子 55-64 交友	廉貞化禄 貪狼 天巫 紅鸞 乙亥 45-54 事業

39. 君臣慶会《くんしんけいかい》格

命宮に紫微があり、左輔・右弼、天魁・天鉞が会照するのを、「君臣慶会格」と称します。

紫微は吉星の補佐があると、リーダーシップ能力をさらに発揮することができ、人生はより順調に事が運びます。

40　巨火擎羊格の命盤

廉貞 貪狼化禄 禄存 天巫 天刑 116-125 兄弟 丁巳	巨門 文昌 火星 擎羊 封誥 6-15 命宮 戊午	天相 天鉞 地空 紅鸞 寡宿 16-25 父母 己未	天同 天梁 文曲 26-35 福徳 庚申
太陰化権 陀羅 三台 蜚廉 106-115 夫妻 丙辰	巨火擎羊 陽男 生年：戊申 西暦1968年旧暦9月5日辰刻 西暦1968年新暦10月26日8時 命局：火六局		武曲 七殺 恩光 天姚 破碎 36-45 田宅 辛酉
天府 地劫 96-105 子女 乙卯			太陽 台輔 八座 陰煞 天哭 46-55 事業 壬戌
右弼化科 鈴星 天月 鳳閣 天馬 天虚 86-95 財帛・身宮 甲寅	紫微 破軍 天魁 天喜 76-85 疾厄 乙丑	天機化忌 左輔 龍池 66-75 遷移 甲子	天貴 孤辰 56-65 交友 癸亥

40. 巨《きょ》火《か》擎《けい》羊《よう》格

命宮に巨門があり、擎羊か火星が同宮または会照し、さらに化忌を見れば「巨火擎羊格」を形成します。この格は、悪い格局です。

『紫微斗数全書』には、「巨門火星擎羊は、終身縊死する」とあります。

この命格は、首吊りして死ぬのを指しているのではなく、むしろ自分の殻に閉じこもることが多く、みずから苦しい環境に入り、苦しみを招くことを意味します。

そのため、たとえ富と高い地位を得られたとしても、長持ちしません。そのうえ、一生涯、言い争いや揉め事が多くなります。

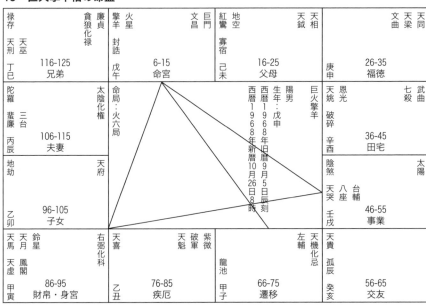

【附記】

参考までに、『紫微斗数全書』に掲載されている格局を以下に掲載します。

紫微斗数は、中国の五代宋初（西暦９６０）年に、陳摶《ちんたん》、又の名を希夷《きい》先生が作成したと伝えられ、すでに千年の歴史があります。

現在の版本『紫微斗数全書』は、およそ、中国の明朝十二代皇帝の嘉靖《かせい》帝の時、庚戌（西暦１５５０）年に出版されました。今から四百七十年前です。

そのため誤謬や解釈の間違いは免れません。ここに原文を呈示し、学者の方々の研究のために提供します。

以下原文です。

紫微斗数全書の格局

〈定富局《ふきょく》〉
財蔭夾印《ざいいんきょういん》（相守命，武梁來夾是也。田宅宮亦然。）
日月夾財《にちげつきょうざい》（武守命，日月來夾是也。財帛宮亦然。）
財祿夾馬《ざいろくきょうば》（馬守命，武祿來夾是也。逢生旺尤妙。）
蔭印拱身《いんいんきょうしん》（身臨田宅，梁相拱沖是也。勿坐空亡。）
日月照璧《にちげつしょうへき》（日月臨田宅宮是也。喜居墓庫。）
金燦光輝《きんさんこうき》（太陽單守命在午宮是也。）

〈定貴局《ききょく》〉

日月夾命《にちげつきょうめい》（不坐空亡，遇逢本宮有吉星是也。）

日出扶桑《にちしゅつふそう》（日在卯守命是也，守官祿宮亦然。）

月落亥宮《げつらくいきゅう》（月在亥守命是也，又名月朗天門。）

月生滄海《げっしょうそうかい》（月在子，守田宅是也。）

輔弼拱主《ほひつきょうしゅ》（紫微守命，二星來拱是也。夾之亦然。）

君臣慶會《くんしんけいかい》（紫微左右同守命是也。更會相武陰，妙上。）

財印夾祿《ざいいんきょうろく》（祿守命，梁相來夾是也。入財宮亦然。）

鴛鴦祿會《えんおうろくかい》（天祿化祿臨身命是也。）

祿馬交馳《ろくばこうち》（二星臨身命，更得吉化同垣。）

祿馬佩印《ろくばはいいん》（馬前有祿，印星同宮是也。）

坐貴向貴《ざきこうき》（謂魁鉞在命、身迭相坐拱是也。）

馬頭帶劍《ばとうたいけん》（謂馬有刃是也，不是居午格。）

七殺朝斗《しちさつちょうと》（寅申子午安命值七殺。）

日月並明《にちげつへいめい》（陰陽日月同宮是也。日命日巳月酉來朝。）

明珠出海《みょうじゅしゅっかい》（日月同居廟旺會命垣。）

日月同臨《にちげつどうりん》（日月在丑未守命。）

刑囚夾印《けいしゅうきょういん》（天刑廉貞同臨身命，主武勇職。）

科權祿拱《かけんろくきょう》（命身宮三合科權祿來會。）

貪火相逢《どんかそうほう》（謂二星守命同居廟旺是也。）

武曲守垣《ぶこくしゅえん》（武守命卯宮是也。餘不是。）
府相朝垣《ふそうちょうえん》（命宮無主星府相三合會照。）
紫府朝垣《しふちょうえん》（寅安命午戌紫府來朝。）
文星暗拱《ぶんせいあんきょう》（命宮有吉，遷移官祿財帛二方科星。）
權祿生逢《けんろくせいほう》（二星守命廟旺，陷不是。）
擎羊入廟《けいようにゅうびょう》（辰戌丑未守命遇吉是也。）
巨機居《きょききょ》卯（辛乙生人，卯宮二星守命遇昌曲左右。）
明祿暗祿《めいろくあんろく》（甲生人安命亥宮，科星守命祿居寅。）
科明祿暗《かめいろくあん》（因命寅與亥暗合同明祿暗祿。）
金輿扶駕《きんよふが》（紫微守命，前後有日月來夾是也。）
火星暗宮《かせいあんきゅう》（未詳。）

〈定貧賤局《ひんせんきょく》〉
生不逢時《せいふほうじ》（命坐空亡，逢廉貞是也。）
祿逢兩煞《ろくほうりょうさつ》（祿坐空亡，又逢空劫煞星是也。）
馬落空亡《まらくくうぼう》（馬既落亡，雖祿沖會無用，主奔波。）
日月藏輝《にちげつぞうき》（日月反背，又逢巨暗是也。）
財與囚仇《ざいよしゅうきゅう》（武廉同守身命是也。）
一生孤貧《いっしょうこひん》（謂破守命，星陷地是也。）
君子在野《くんしざいや》（謂四煞守身命，而言臨陷地是也。）

兩重《りょうじゅう》華蓋《かがい》（謂祿存化祿坐命，遇空劫是也。）

〈定雜局《ざつきょく》〉

風雲際會《ふううんさいかい》（身命雖弱，二限逢祿馬是也。）

錦上添花《きんじょうてんか》（謂限破惡星，而行吉地是也。）

祿衰馬困《ろくすいまこん》（限逢七殺，祿馬空亡是也。）

衣錦還鄉《いきんかんきょう》（少年不遂，四十後行墓運是也。）

步數無依《ほすうむい》（前限接後限，連綿不分是也。）

水上駕星《すいじょうがせい》（一年好，一年不好是也。）

吉凶相伴《きっきょうそうはん》（命有主星，限吉則發，限衰不發是也。）

枯木逢春《こぼくほうしゅん》（謂命衰限好是也。）

第2章 格局の実例と見方

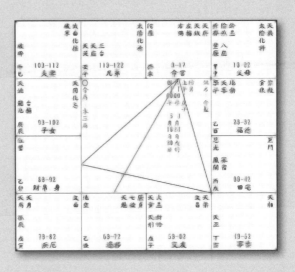

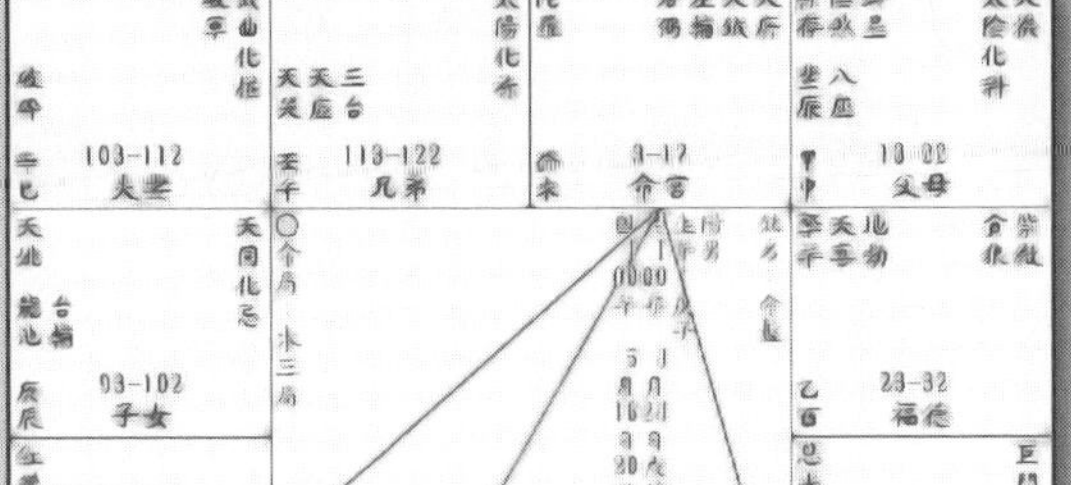

1

良い運命の格局

【例2－1】六吉星が並ぶ

図2－1の命盤は、六吉星の配置がかなり良いです。

命宮は丑宮で、左輔・右弼の双貴人星があります。

命宮の前後の宮には、文昌と文曲があり、命宮を挟み「昌曲夾命」の格局に属します。

これは、聡明で才知に溢れることを表しており、学業は非常に優秀です。学習は気質を変えられます。学習の成就が高ければ、運命は自然に良く変わっていきます。

他に天魁が命宮に、遷移宮には天鉞があり、「坐貴向貴格」を形成します。

また、三台・八座の事業貴人があります。天貴・恩光は、長官あるいは年長者を意味し、天官・天福は貴を顕します。これらは、命宮あるいは遷移宮の三方にあり会照します。

一方、身宮は酉宮にあり、太陽化忌です。

この宿命の持ち主は、医師ですが、一生涯忙しく働くことを表しています。そして、六吉星の助力を強く受けているため、大変な人気を得られて、事業成就を収める可能性も高くなります。

『紫微斗数全書』に、「命宮が良く、身宮が良く、大限が良ければ、年を取るまでずっと栄える。たとえ人生が完璧でなくとも、やはり傷は玉を覆うことはできない。つまり、欠点よりも長所のほうが多い。富があり地位があり、名利を共に収める」とあります。

図2-1　六吉星が並ぶ命盤

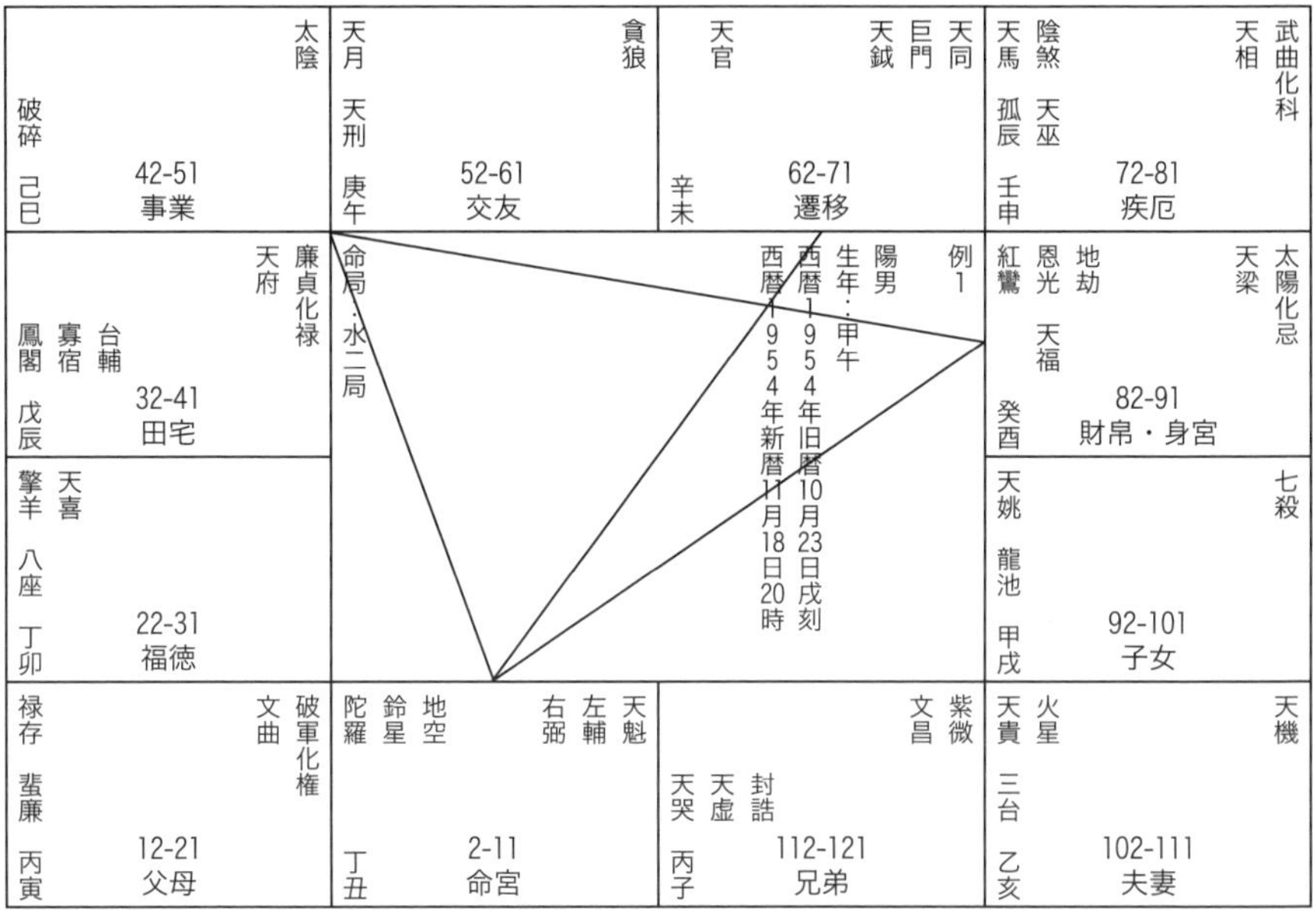

【例2－2】良い格局で良い大限

図2－2の命宮は酉宮で太陰化禄があります。天魁・天鉞が命宮を挟んでいます。

「魁鉞夾命」を持つ人は、一生涯、地位や身分の高い貴人の援助が多くなります。

身宮は事業宮で天同・天梁です。

命宮・身宮の三合宮に、化権・化禄・化科が集います。そのため、科権禄の「三奇嘉会」を形成、主に財官双美です。

また「陽梁昌禄格」を形成します。

『紫微斗数全書』に、「陽梁昌禄は伝臚で一番になる」とあります。

この格局の人は、先に名声を得た後、利益を得ます。

壬寅の大限（44～53歳）、宮天干は壬で天梁化禄と、本来の命宮の太陰化禄と、事業宮にある禄存が会照します。

この大限は、三つの禄が発動します。

図2-2　良い格局で良い大限の命盤

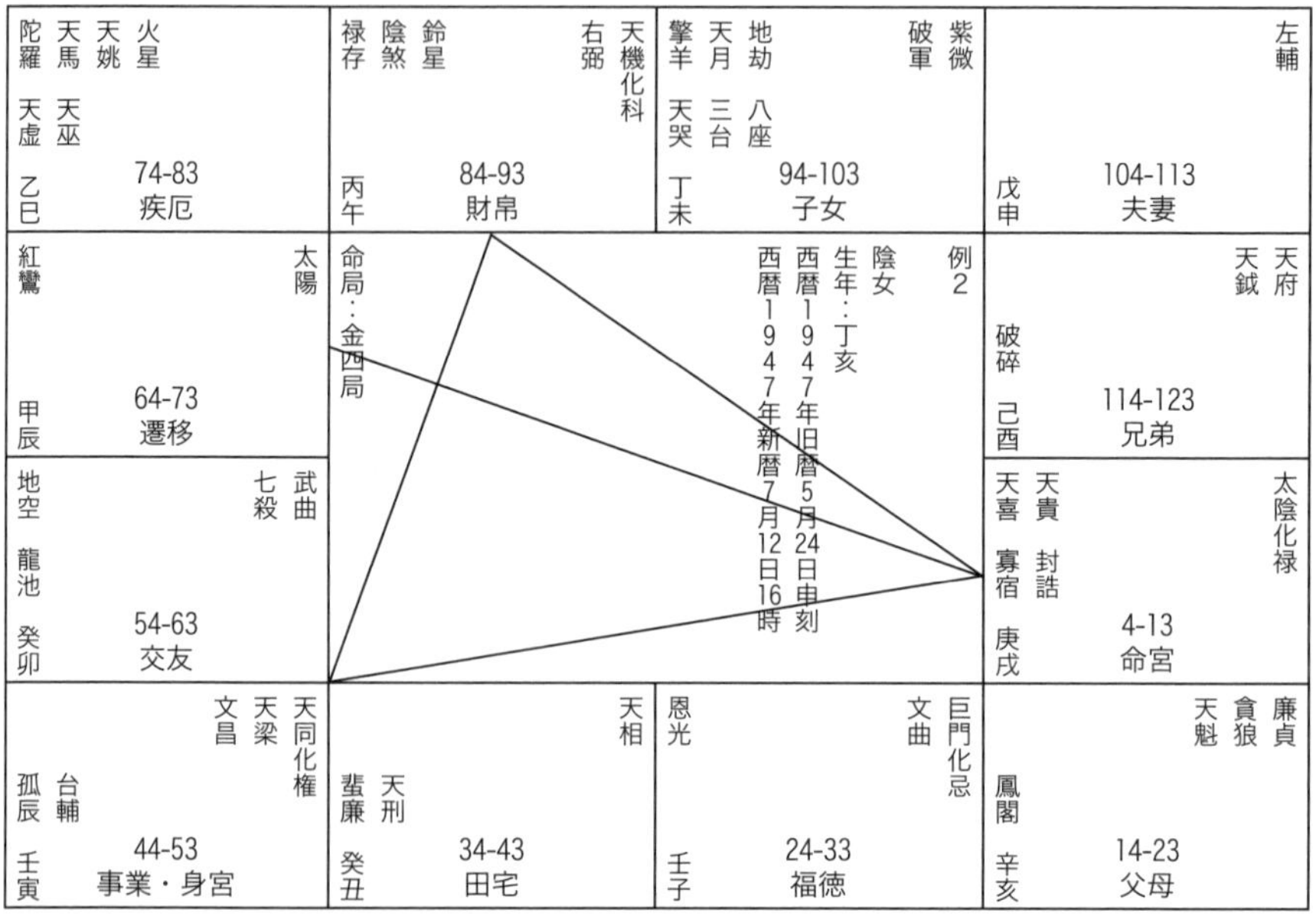

美容ケア商品の生産・販売に従事して、次第に莫大な財産を形成します。

【例2-3】普通の格局で連続して良い大限

命宮は卯宮で紫微・貪狼があります。身宮は武曲・破軍です。

何事にも屈しない強固で逞しい性格の持ち主で、かつ優れた才知に恵まれています。

庚年生まれで、武曲化権が財帛宮にあります。子女宮と田宅宮に「陽梁昌禄」がありますが、命宮の三方四正ではありません。

辛巳の大限（25~34歳）は、大限命宮は天相です。巨門化禄により「財蔭夾印」を形成します。

壬午の大限（35~44歳）は、天梁化禄、太陽化禄が「双禄交流」と「陽梁昌禄」を形成します。

紫微・貪狼が命宮にある人は、「陽梁昌禄」の年限を巡るのを喜びます。名声と利益を得やすいです。

図2–3　普通の格局で連続して良い大限の命盤

天相 右弼 天喜 孤辰 辛巳 25-34 福徳	天梁 文昌 火星 恩光 天姚 封誥 蜚廉 鳳閣 壬午 35-44 田宅	廉貞 七殺 天鉞 地空 陀羅 癸未 45-54 事業	文曲 天貴 禄存 天巫 龍池 甲申 55-64 交友
巨門 陰煞 八座 庚辰 15-24 父母	例3 陽男 生年：庚辰 西暦1940年旧暦6月14日辰刻 西暦1940年新暦7月18日8時 命局：土五局		左輔 擎羊 乙酉 65-74 遷移
紫微 貪狼 地劫 天月 己卯 5-14 命宮			天同化忌 台輔 三台 天虚 丙戌 75-84 疾厄
天機 太陰化科 鈴星 天馬 天刑 天哭 戊寅 115-124 兄弟	天府 天魁 破碎 寡宿 己丑 105-114 夫妻	太陽化禄 戊子 95-104 子女	武曲化権 破軍 紅鸞 丁亥 85-94 財帛・身宮

癸未の大限（45～54歳）は、廉貞・七殺、また収穫の大運でもあります。

それゆえ、この三十年間においては、土地建物等の不動産における成果が非常に大きく、財産は次第に累積し富を成します。

2 多災多難の格局

【例2－4】羊陀夾忌格－凶格と悪い流年

命宮に主星がなく、対宮の廉貞・貪狼を借りて命宮とし、なおかつ、廉貞化忌によって、「羊陀夾忌」の格局に変成します。これによって、意外な災禍が多くなります。

身宮の天府は、保守的で頑固な性格を表します。

命宮の三方四正に、左輔・右弼、天魁・天鉞などの吉星がありますが、地空・地劫が、財帛宮と事業宮の両宮に分れてあります。その位置は命宮の三合宮にあたり、阻害や苦難を代表します。

甲午の大限（12～21歳）は、一見すると良いように思いますが、擎羊、天刑、鈴星の煞星が会照しています。ただし、化忌が発動しなければ、災害はありません。

十年間の大限で、おおよその吉凶を見ることはできますが、「大限は、上は本命に対応して、下は流年に対応する」と言われるように、決して大限が禍福の鍵ではありません。大限は本命の吉凶を受け継ぎ、その吉凶を流年上で表現するという意味で、重要なのは、連携作用が起こることです。

数えの十九歳は甲戌年です。

流年命宮は太陰、遷移宮は太陽と、日月に分別し、大限と流年で双化忌があります。その上、擎羊、陀羅、天刑、火星にも逢います。そのため、その年は、不幸にも交通事故が発生し、身体に重大な傷害を負いました。

図2–4　凶格と悪い流年の命盤

<table>
<tr><td>右弼
天貴
天喜
禄存
八座
孤辰
2-11
命宮
癸巳</td><td>天機化権
文曲
天姚
擎羊
蜚廉
鳳閣
12-21
父母
甲午</td><td>紫微
破軍
恩光
22-31
福徳
乙未</td><td>文昌化科
台輔
天巫
龍池
32-41
田宅
丙申</td></tr>
<tr><td>太陽
火星
陰煞
陀羅
封誥
112-121
兄弟
壬辰</td><td colspan="2" rowspan="2">例4
陽男
生年：丙辰
西暦1976年旧暦6月13日寅刻
西暦1976年新暦7月9日4時
命局：水二局</td><td>天府
天鉞
左輔
地空
三台
42-51
事業・身宮
丁酉</td></tr>
<tr><td>武曲
七殺
天月
102-111
夫妻
辛卯</td><td>太陰
天虚
52-61
交友
戊戌</td></tr>
<tr><td>天同化禄
天梁
天馬
天刑
天哭
92-101
子女
庚寅</td><td>天相
地劫
破碎
寡宿
82-91
財帛
辛丑</td><td>巨門
鈴星
72-81
疾厄
庚子</td><td>廉貞化忌
貪狼
天魁
紅鸞
62-71
遷移
己亥</td></tr>
</table>

【例2－5】鈴昌陀武格－吉凶混合の格局

命宮は紫微、身宮は廉貞・天府です。

命宮・身宮の三方四正には、文昌と文曲があり、紫微にとって「君臣慶会」はとても良い格局です。

しかし、事業は成功しますが、命宮の鈴星、三方四正にある武曲、文昌化忌、陀羅は、三合宮にあって会照し、「鈴昌陀武」の凶格となります。

『紫微斗数全書』には、「鈴昌陀武、大限が至れば河に身を投げる」とあります。

主に、極めて危険な出来事、あるいは損失を引き起こします。

「鈴昌陀武」の凶格は、流年に化忌があって発動すれば、必ず何らかの事情が発生します。

なかでも、丙申の大限（45～54歳）における大限命宮は武曲となります。さらに大限天干の丙は廉貞化忌で「鈴昌陀武」の凶格を形成します。

申宮に流年が巡るか、あるいは申宮の三方四正の流年の時に、化忌に遇えば、間違いなく発動し、重大な失敗が容易に出現します。

図2-5　吉凶混合の格局の命盤

太陰 天巫 龍池 火星 天哭 癸巳 75-84 交友	貪狼 天魁 文曲化科 甲午 65-74 遷移	天同 巨門化禄 天虚 乙未 55-64 疾厄	武曲 天相 文昌化忌 天喜 台輔 陀羅 丙申 45-54 財帛
廉貞 天府 左輔 封誥 八座 壬辰 85-94 事業・身宮	例5 陰男 生年：辛丑 西暦1961年旧暦1月7日寅刻 西暦1961年新暦2月21日4時 命局：土五局		太陽化権 天梁 天刑 地空 蜚廉 禄存 鳳閣 丁酉 35-44 子女
辛卯 95-104 田宅			七殺 右弼 天月 三台 擎羊 寡宿 戊戌 25-34 夫妻
破軍 天鉞 陰煞 紅鸞 孤辰 庚寅 105-114 福徳	地劫 恩光 天姚 破碎 辛丑 115-124 父母	紫微 鈴星 庚子 5-14 命宮	天機 天貴 天馬 己亥 15-24 兄弟

ただし、事前に準備し、保守的に物事を行えば、損失を最低限に減らせます。

【例2－6】巨火擎羊格－吉凶は表裏一体

命宮に巨門があり火星か擎羊に同宮または会照します。さらに化忌を見れば、『紫微斗数全書』に言う、「巨火擎羊、終身縊死」の悪い格局を形成します。

この命格は、自分で首をくくることを指しているのではありません。その人生の多くは、自分の殻に綴じ込もって、自分自身を縛り、自ら苦しみを招きます。そのため、たとえ富貴を得たとしてもまた長くは続かないだけでなく、一生涯、口論や揉め事が多いのです。

凶格の特性は、常に表裏一体です。

もし化忌に逢わなければ、ある時はかえって成長の原動力になります。

特に現代社会はいたるところにチャンスは充満していますが、落とし穴もまた多いものです。

古人は、「富貴とは、危ない中で求むもの」と

図2-6　吉凶は表裏一体の命盤

巨門 火星 封誥 破碎 辛巳 4-13 命宮	廉貞 天相 天虛 天哭 壬午 14-23 父母	天梁 天鉞 文昌 文曲 天姚 陀羅 癸未 24-33 福徳	七殺 地空 禄存 蜚廉 甲申 34-43 田宅
貪狼 右弼 龍池 庚辰 114-123 兄弟	例6 陽男 生年：庚子 西暦1960年旧暦7月4日卯刻 西暦1960年新暦8月25日6時 命局：金四局		天同化忌 天貴 恩光 天喜 擎羊 台輔 乙酉 44-53 事業
太陰化科 紅鸞 天刑 己卯 104-113 夫妻			武曲化権 左輔 寡宿 鳳閣 丙戌 54-63 交友
紫微 天府 地劫 陰煞 天馬 天巫 孤辰 戊寅 94-103 子女	天機 天魁 鈴星 八座 三台 己丑 84-93 財帛	破軍 戊子 74-83 疾厄	太陽化禄 天月 丁亥 64-73 遷移・身宮

言いました。「鈴昌陀武格」「巨火擎羊格」のように立ち向かっていく心意気の大きいタイプは、化忌の発動さえなければ、むしろ容易に成功を獲得できるはずです。

　ただし、凶格のある人は、富貴は長く持たせられないので、頃合いを見計らって回収しなければなりません。

　この命盤の命宮は、巨門と火星が同宮しており、擎羊と天同化忌が会照します。すでに、凶格の組み合わせがあります。

　そして、甲申の大限は太陽化忌。乙酉の大限は太陰化忌。丁亥の大限は巨門化忌。戊子の大限は天機化忌があります。これらは「巨火擎羊」の悪い格局を、発動しやすい大限です。

　このような宿命の人は、日頃からつとめて自我を抑制しなければなりません。人に対しては諸事円満を心がけ、できるだけ話し方は柔らかく、含みを残すのが好ましい処し方です。

第3章

紫微斗数一四四局

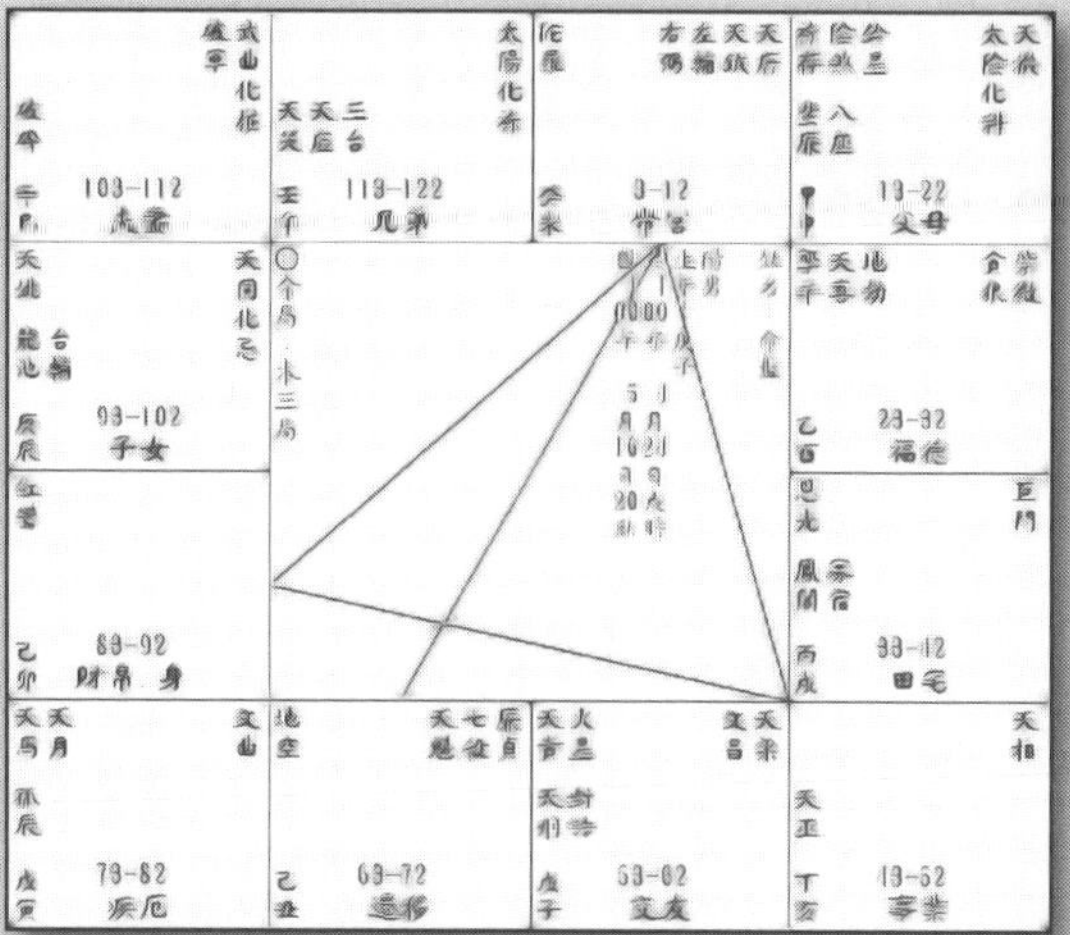

1 紫微斗数一四四局とは

紫微斗数は、十四個の主星がある十二宮の位置、および命宮がある宮が違うことより、基本の命盤が構成されます。

それぞれの組み合せは、固定の星系から成ります。

それらは、全部で一四四タイプに分類することができます。

さらに、十二宮と、全ての星曜の組み合わせで、千変万化します。


紫微斗数の伝統的な見方は、主星に基づいて答えを導き出す方法です。

この方法を使うと、主星の特性を簡単に理解することができます。しかし、星曜の相関的な位置関係を見たり、また鑑定の現場に臨み宿命を論じたりするのには不足な点があります。


そこで、ここでは命盤を標準化し、一四四のタイプに分類して考察します。

命宮にある主星から、各タイプの特長を迅速に把握できるだけでなく、それぞれの個性や行動パターンを判断することができます。また、この推断法則を応用した命盤上には、格局、および大限・流年がありますから、さらに一歩進んで、行運《こううん》（大限・流年の運を巡ること）の吉凶も出すことができます。

これらの命盤は、人生を歩む上で、趨吉避凶と進退の拠り所になるでしょう。

また、このような標準化の手法は、通俗的・量産化の現代の潮流に符合するものでもあります。

<table>
<tr><td>太陰陥
第六局
巳</td><td>貪狼旺
第七局
午</td><td>天同陥
巨門陥
第八局
未</td><td>武曲平
天相廟
第九局
申</td></tr>
<tr><td>廉貞旺
天府廟
第五局
辰</td><td colspan="2" rowspan="2">紫微星が子宮にある命宮十二局</td><td>太陽閑
天梁地
第十局
酉</td></tr>
<tr><td>第四局
卯</td><td>七殺廟
第十一局
戌</td></tr>
<tr><td>破軍陥
第三局
寅</td><td>第二局
丑</td><td>紫微平
第一局
子</td><td>天機平
第十二局
亥</td></tr>
</table>

紫微星が子宮にある命宮十二局

第一局【紫微星子】子　命宮は子で紫微星

この命局の人は、帝王に見られるような個性があります。堂々として自信に満ち溢れており、気品があります。もし、他者からの協力を得られ、自分自身の才能をフルに発揮できれば、お金持ちになれます。つまり、一生涯、名誉と富と地位を享受し、それを楽しむことができるでしょう。

この人の長所は、リーダーシップの才能があること、また迫力に満ちていることです。短所は、独断独行になりやすい点です。利己的な面があり、自分の利益にならないことをしようとは思いません。甚だしい場合には、頑固で、独善的になってしまいます。物事には柔軟かつ謙虚に対応するようにしましょう。

女性は、仕事に就くのに適しています。もし吉星の補佐があれば、キャリアウーマンになれます。

第二局【紫微星子】丑　命宮は丑で主星が無い（対宮の天同と巨門星を借りる）

この命局の人は、気持ちの優しい人です。しかし、情緒の変化の起伏が大きいと言えるでしょう。いつも心の中には苦悶があり、口に出して言えない感情の苦しみがあります。だから、常にこの人は情緒面で悩まされています。最も良い方法は、安定した大きな企業に勤めるか、公務員などの公職に就くか、あるいはサービス業に従事するとよいでしょう。

そうした職業は小さな揉め事やいざこざによる感情面の悩みを減らせるからです。あるいは弁舌の才を活かした仕事に就くと、頭角を現し成功するでしょう。吉星が加会すれば、事業もまた成就します。

女性は、聡明で、物事に対する反応が早いです。苦しいことがあっても口に出しません。夫の運を盛んにしますし、子供にとって良い母になるでしょう。

第三局【紫微星子】寅　命宮は寅で破軍星

この命局の人は、とても気の強い性格です。仕事に対しては積極的で、そのうえ迫力があります。また、単独行動を好み、開拓精神が旺盛です。衝動的な中にも慎重な一面があり、心は善良です。欠点は、自分あるいは父母の健康がやや優れないことです。結婚に関しては自分の思い通りにはなりません。

仕事ぶりは竜頭蛇尾で、最初は熱心ですが気が変わりやすく、長続きしません。そのため最後まで物事を成し遂げられない傾向があります。できるだけ自身の性格の欠点を改善するようにしましょう。さもなければ、晩年の運はあまり良いものではないでしょう。

女性の場合は、挫折に遭うと意気消沈しがちです。表向きは強気ですが、内面は弱いです。結婚は早いと波風が立ちます。晩婚がよいでしょう。

第四局【紫微星子】卯　命宮は卯で主星が無い（対宮の太陽と天梁星を借りる）

この命局の人は、明朗で、率直な性格です。しかし、自分だけが偉いと思っており、世間の人を見下すようなところがあります。また、人と比べてこだわりが強く、清高な性格です。事業も成就しますが、やや孤独です。知識に対しては熱心に探求する人ですから、先に名誉を求めて、それが得られた後に、利益を求めるようにするとうまくいきます。

吉星の助けがあれば、身分は高くなり、裕福にもなれるでしょう。公務員やサラリーマンに従事すれば、比較的ゆったりと生活でき、能力も発揮しやすいでしょう。もし、凶星が加会していて、商売を営んだ場合は、紆余曲折が絶え間なく続き、安定しません。また結婚に対しても良くない影響を与えてしまいます。

第五局【紫微星子】辰　命宮は辰で天府・廉貞星

この命局の人は、原理原則を頑なに守るタイプです。人と比べて、自分にはエネルギーがあるという感覚が強く、黙々と田畑を耕すように一生懸命に仕事します。順序に従って徐々に進み、その後に成功します。国家機関や大企業に勤めるのに適します。

吉星だけで凶星が加会しないと、怠けやすくなるでしょう。空虚な理想があっても、現実性が伴わなければ、人生の成功は自然と限られてしまいます。また、感情豊かで感傷的ですが、一方で自制心が強く、自分の感情をあまり表に出しません。

女性の場合、この命局に属するなら、剛柔を兼ね備えているため、夫の運を上げて、子供に有益な母になります。ただし、早婚はよくありません。早婚すれば、必ず挫折が多くなります。

第六局【紫微星子】巳　命宮は巳で太陰星

この命局の人は、礼儀正しく、上品で、態度はおっとりとしています。性格は温和で、情感が豊かです。聡明で、機知があり、なおかつ、十分に自制心があります。また、人づき合いが良く、異性からは大変にもてます。生来、一生懸命によく働きます。

吉星の助けがあれば、若い時に才能を発揮して、世に出ます。もし吉星の助けが無ければ、幼少の頃は比較的生活が苦しいか、あるいは災難や病気が多くなります。事業は、大金を稼ぐのは簡単ではありませんが、自分の本分を守り、順序よく前進すれば、その後大きな局面を迎えます。

恋愛面では挫折を経験しやすいです。最も良いのは、配偶者との年齢の差が離れているか、または女性の方が年上であれば、うまくいきます。

第七局【紫微星子】午　命宮は午で貪狼星

この命局の人は、物質的な欲望が比較的強く、はかりごとをすることが多くなり、その場に応じた計略に長けています。また積極的に新しいものを取り入れます。生まれつき多芸多才で、何でも上手にこなしますが、それがかえって勝手気ままな性格にさせます。酒色やお金の欲望に溺れて、贅沢な暮らしになってしまうと、堅実な結婚生活を営むのには不利です。地味な生活を営むことができないため、早婚には適しません。もし貴人の助けがあるなら、富貴を楽しめます。専門技術を身に付けて、何か一つの技芸に長じるようになれば、生活を立てられて安心立命できます。

女性の場合は、夫との縁が薄く別れやすく、早婚すると挫折しやすいので晩婚に適します。

第八局【紫微星子】未　命宮は未で天同・巨門星

この命局の人は、思いやりがありますが、気分が変わりやすく、感情は絶えず揺れ動きます。若い時は苦労が多いため、性質が比較的安定している仕事、たとえば、会社勤めとか、公務員などの公職に従事するのが良いでしょう。優れた点は、絶え間なく滔滔としゃべることができるほど弁舌の才能があることです。そのため、話術を活かした仕事か、サービス業に従事するのが得策です。

吉星と桃花の星が加会すると有名人になり、名声と利益の両方が得られます。欠点は、人一倍感傷的な点で、憂いやすく、感じやすい性格から、感情的になりやすく、結婚生活の破綻など影響を及ぼしがちになります。また愛情に対する要求が完璧すぎるために、配偶者との関係が時々緊張し、波風が立ちやすくなります。

第九局【紫微星子】申　命宮は申で武曲・天相星

この命局の人は、表向きは、穏やかで優しく見えますが、内面は芯の強い人です。物事の処理は慎重で、リーダーシップを発揮できます。慎重な性格から、組織における幹部やリーダーの補佐役にも適しています。吉星が会照して、化権禄に逢えば、大きな富と高い地位の両方を得られる格局です。しかし、もし煞星や化忌があれば、武曲の欠点が表れます。野心が強くなり、むやみに事を急ぐようになります。また、正義感があるけれども、往々にして衝動的に行動してかえって事をしくじり、挫折が多くなります。

女性の場合、特に注意したいことは、夫の浮気、または夫婦で一緒にいる時間が少なくなる点です。結婚生活を営む上では十分気をつけ、注意を払い、心を尽くす必要があります。

第十局【紫微星子】酉　命宮は酉で太陽・天梁星

この命局の人は、素直で、名利を得やすいでしょう。ただし、往々にして苦労をなめ尽くした後に、ようやく富貴を手にしがちです。不運が極まれば、その後には必ず幸運が巡って来ます。富貴をすでに手にしているなら、むしろその後の浪費に気をつけましょう。事業が成功した後は、保守的に経営すれば、富貴を維持できます。

この命局の人は、天真爛漫ですが、それが災いして、いつも友達に騙されます。そのため、人生の早い時期に生まれ故郷を離れ、見知らぬ土地へ行き発展を図ることで、成功をつかむチャンスが高まります。特に注意が必要なのは、両親の健康面です。

女性の場合、その多くは身を粉にして働き、他人の手を借りません。結婚生活を持続させるには、注意を払う必要があります。

第十一局【紫微星子】戌　命宮は戌宮で七殺星

この命局の人には、策を弄する性質があります。また単独である分野を一手に引き受けることができる能力があります。生まれつき絶え間なく理想を追求する性格なので、若い頃は往々にして一人で奮闘し、あくせくと休みなく働きます。理想が高ければ高いほど、計画はより多くなりますが、若い時から老人になるまで働き続けることを、かえって楽しみます。艱難辛苦を経験した後に、ようやく成功の果実を味わいます。そして、最終的には成功し、かつその富貴は群を抜きます。

このように、若い時は苦しいけれども、その後の見返りに得る成果もまた大きいと言えるでしょう。

女性の場合は、強靭さの中に柔軟さがあります。聡明で、機敏です。夫を助け、子女をきちんと教育します。また、財と地位の両方を得ることができます。

第十二局【紫微星子】亥　命宮は亥宮で天機星

この命局の人は、感傷的で、細やかな心と優しさを兼ね備えています。そのため、異性に人気があり、縁もずいぶんと多く、それにより愛情面の問題も起きやすいでしょう。物事への考えの変化は速く、気分も変わりやすい、せっかちな性格です。そのため、技能や技術は沢山学んでも、精通するまでには至らず、往々にして好機を逸しやすくなります。また、聡明な者は聡明さがあだとなって身を誤ります。時によっては忙しく奔走しますが、しばしば徒労となり功無しという事態を招きます。

長所は、容易に事業を始められ、お金を簡単に作り出せることです。生まれた地を離れて他の土地へ行くと、発展し利益を得られます。

女性の場合、お天気屋さんで、気分が変わりやすいのが欠点です。愛情面では心配性です。

廉貞陥 貪狼陥 第十八局 巳	巨門旺 第十九局 午	天相閑 第二十局 未	天同旺 天梁陥 第二十一局 申
太陰閑 第十七局 辰	紫微星が丑宮にある命宮十二局		武曲旺 七殺閑 第二十二局 酉
天府平 第十六局 卯			太陽陥 第二十三局 戌
第十五局 寅	紫微廟 破軍旺 第十四局 丑	天機廟 第十三局 子	第二十四局 亥

紫微星が丑宮にある命宮十二局

第十三局【紫微星丑】子　命宮は子で天機星

この命局の人は、機知があり、物事に対する反応が抜群に良いです。聡明で知恵は世間一般の人より抜きん出ているため、往々にして優秀なリーダーや大企業の管理職になります。さらに禄存などの吉星に会えば、栄華と富貴を享受して尽きることがありません。

この命局の人は、特に子供の教育には注意が必要です。どうしても溺愛しすぎるので、甘やかさずに自立心を持たせるようにしなければなりません。さもなければ、子供は社会で役に立つ人材にはなりません。

女性の場合、聡明で、考え方は緻密であり、良妻賢母のタイプで、往々にして貴婦人になります。もし、性格上のどうでも良いことにこだわり頭を悩ますのを止めるようにすれば、心身共に安定し、豊かな財産と高い地位を楽しむことができます。

第十四局【紫微星丑】丑　命宮は丑で紫微・破軍星

この命局の人は、理想が高く、仕事の仕方に迫力があります。その上、新規開拓、創業し、利を得る才能を具えています。吉星の補佐を受ければ、紫微の特性を十分に発揮します。自分自身に発破をかけ実行に移すことができます。

また、禄存や化禄に会うのを喜び、事業の多くは成就し、豊富な財産と高い地位を享受できます。短所は、周囲への協調性に欠くことです。そのため、志があっても叶えにくく、才能がありながら発揮するチャンスに恵まれない、ということになりやすいです。

女性の場合、多くはキャリアウーマンになります。向こう見ずな面も持ち合わせますが、家庭をよく顧みます。夫や家を安定させ、能力は夫を凌駕します。さらに吉星が会照する人は、政治の世界にも適合します。

第十五局【紫微星丑】寅　命宮は寅で主星が無い（対宮の天同・天梁星を借りる）

この命局の人は心が善良ですが、冷静な思考にはやや欠けます。また自分の考えに固執し、独りよがりになりがちで、他人の忠告には耳を貸そうとしない傾向があります。もし桃花の星に逢うならロマンチストで、風流を自認します。一生のうち故郷を離れ見知らぬ土地へ出る機会が多いでしょう。また、愛情面での悩みを持ちやすくなります。

事業で発展するなら、弁舌の才を発揮する仕事、たとえば、俳優・アナウンサー・広報関係・芸能界の仕事に向いています。そうした仕事に就けば、名声と利益の両方を獲得できます。一生の発展は、家族の助けを得られればさらに順調です。

女性は優しく美しい。意志薄弱のため、むやみに異性を引き付けやすい。異性関係を慎むようにすれば、感情面での悩みを防ぐことができます。

第十六局【紫微星丑】卯　命宮は卯で天府星

この命局の人は、保守的ですが、怠惰な面があり、非現実的な考え方をしやすいでしょう。長所は、人として温厚で、責任感が強い点です。事業の進展は順調です。公職あるいは商売を問わず、すべて大きな収穫があります。財源が枯渇していない環境にあれば、他人とその福を共に楽しみます。短所は、独断独行になりやすい点です。

ただし、怠惰な性格に加えて、希望どおりに事が運ばず、周囲の環境が自分の発展に相応しくない場合には、狡猾な面が出てきます。リーダーにもなれますが、往々にして非正業に従事しやすくなります。

女性の場合、事業を持たなければ、配偶者からあらゆる面で制約を受けて、理想の結婚生活は送れません。最善策は、夫婦の年齢に差があるか、女性が男性よりも年上であることです。

第十七局【紫微星丑】辰　命宮は辰で太陰星

この命局の人は、内向的でおとなしく、性格は優しく静かです。また、聡明で機知があり、柔軟性がありながら芯の強さを秘めています。多芸多才でなおかつ人の意図するところを理解でき、思いやりがあります。長所は蓄財に長けていることです。短所は、必ずあくせくと休みなく働き苦労を経験しなければならず、それでようやく成功する人生を送ることです。無一文から家を興す典型的なタイプです。また、この命局の人は、小さい時に生家を離れるか、もしくは両親との縁が薄い傾向があります。

女性の場合、太陰が命宮に坐すと吉です。優しい性格で、人をいたわります。結婚に関しては、早婚すると、良くない相手を選んで精神的なダメージを受けやすくなります。晩婚するのがよいでしょう。

第十八局【紫微星丑】巳　命宮は巳で廉貞・貪狼星

この命局の人は、多芸多才で、積極的に新しいものを取り入れます。周囲には自分より強い人が多いことから、他人から制約を受けて、振り回される傾向があります。長所は、弁舌爽やかに話ができるので、芸術家やマスコミ関係に適します。短所は、欲望が大きすぎる点です。また、身内との縁が薄く、生地を離れてよその地へ行くと発展します。飲み食い・ギャンブル等々に精通し、一生涯、愛情関係のもつれに悩まされるでしょう。その上ちょっと我が意を得ると有頂天になりやすく、ひどい場合は失敗に到ります。

女性は享楽を貪って、足を踏み外さないよう慎むべきです。何か専門の技術を学習するとともに、精神の修養にも気を配りましょう。

第十九局【紫微星丑】午　命宮は午で巨門星

この命局の人は、人生において必ず困難に遭い、辛酸をなめ尽くさねばなりませんが、その後に成功があります。玉石は磨かれる過程が必要で、それによって百倍もの価値のある美玉に変わるのです。男性の場合は、感情的な衝動にかられやすいが、豊富な財産と高い地位の両方を得られます。

女性の場合は、あくせくと休みなく働き苦労がありますが、結婚した相手の運気を上げて幸せにすることができます。弁舌に関する仕事に適し、アナウンサー・議員・弁護士・教師などに就くと短所を隠すことができます。ただし、人付き合いは、「初めは友好的だが終わりは敵対的」あるいは「初めは熱心だが終わりは冷淡」となりやすく、争いや口論も多いので注意が必要です。自身の修養を積むことに注意を払いましょう。

第二十局【紫微星丑】未　命宮は未で天相星

この命局の人は、慎重かつ誠実で、モラルが高く、高貴です。また、真心があり善良で奉仕の精神があります。リーダーの補佐役、あるいは組織の幹部の人材に非常に適しています。長所は、一生涯裕福であり、高い地位に恵まれ、衣食は十分にあり生活に事欠くことはありません。短所は、何事も優柔不断でグズグズしている点です。それが嵩じて、事なかれ主義の人になってしまいます。仕事ぶりは真剣さが足りず、物事をなおざりにしがちで、これが原因となって自ら失敗を犯します。また、正義感はありますが、せっかちなために、賛同者を得るのが上手ではなく、どちらかというと孤独の傾向があります。

男性は浮気をしやすく、女性は浮気をされやすい傾向があります。

第二十一局【紫微星丑】申　命宮は申で天同・天梁星

この命局の人は、気立てがよく、善良な性格で、原則を重んじ、規律を守る人です。長所は、感覚が鋭敏で、心が優しい点です。特に宗教や精神世界に深い興味を持ち、大師になれる人物で、その一生は天の加護があり、災いに遭っても転じて福と化します。その上、お金に困ることはありません。ただし、欠点はいつも奔走し、懸命に働くことになりやすいことです。かつ異性の縁は途切れることが無く、恋愛関係での悩みが尽きません。

女性の場合、特に自分から悩みを探し出すのが好きです。感情面での要求を理想化しすぎて、結婚に悪い影響を及ぼします。この命局の人は、外から圧力をかけて発奮させる必要があります。安楽さに流されるだけの生活が一変すれば、事業の成就に良い影響を与えます。

第二十二局【紫微星丑】酉　命宮は酉で武曲・七殺星

この命局の人は、姿かたちを見た時に強い印象が残ります。頑固で独りよがりな印象を人に与えますが、その実、内心はいつも逡巡しています。一生の変化と起伏は大きいでしょう。性格に柔軟性を持たせ上手に周囲と調和するなら、さらに手腕を発揮し事業を大きく成功させられますが、円滑にできなければ意外な事態を招きやすいでしょう。たとえば、金銭で人と争ったり、泥棒に目を付けられたりして被害を受けます。

女性の場合、その場限りの感情に左右され、騙されやすく悩みごとが多いでしょう。晩婚するか、かなり年上の配偶者にすれば、そうした問題を避けられます。仕事は殺気を帯びた仕事、警察、裁判官、外科医、調理人等に従事することで、事故やケガによる血光の災いを解くことができます。

第二十三局【紫微星丑】戌　命宮は戌で太陽星

この命局の人は、素直な性格で、正直でありのままに話します。昼に生まれた人の方がわずかに運は良いでしょう。ただし、若い時に成功すると、かえって苦労が多くなります。両親と縁が薄いために、生まれた土地を離れて別天地へ行く必要があり、そこで発展してようやく成功します。万事、他人の手を借りずに自分でやるため、多くはあくせくと休みなく働く人生となります。その一方で、兄弟や友人からの支援が多数得られます。自分自身に対する要求が高く、絶え間なく闘志をたぎらせるので、無一文から身を起こし、自分の事業を打ち立てることができ、富貴を享受します。ただ注意したいのは、悪い流年に、友人から厄介事を受けやすいことです。訴訟沙汰は避けましょう。

第二十四局【紫微星丑】亥　命宮は亥で主星が無い（対宮の廉貞・貪狼星を借りる）

この命局の人は、基本的にとても良い運命に恵まれています。人として聡明で、利口なうえ、個性はユニークです。ＩＱはすこぶる高く、なおかつ芸術の特殊な天分に恵まれています。子供の頃から、実家の暮らし向きは裕福で、家庭環境が良く、なおかつ良い教養を獲得します。人生における起伏は少なく穏やかで安定しています。

もし芸術あるいは政治関係に従事しそれに専心できれば、その分野できわめて優れた人物になるでしょう。それ以外にも、特殊な専門技術を身に付けて活かす職にも向いています。

女性の場合は、人の気持ちが理解できる人です。精神的な感受性を重視し、芸術の世界に向かうことで才能を発揮し得難い人材になります。配偶者は文武に優れ気性の強い人です。

巨門平 第三十局 巳	廉貞平 天相旺 第三十一局 午	天梁旺 第三十二局 未	七殺廟 第三十三局 申
貪狼廟 第二十九局 辰	紫微星が寅宮にある命宮十二局		天同平 第三十四局 酉
太陰陥 第二十八局 卯			武曲廟 第三十五局 戌
紫微廟 天府廟 第二十七局 寅	天機陥 第二十六局 丑	破軍廟 第二十五局 子	太陽陥 第三十六局 亥

紫微星が寅宮にある命宮十二局

第二十五局 【紫微星寅】子　命宮は子で破軍星

この命局の人は、勇敢で思い切りの良い人で、新規に何かを始めようとする開拓精神があります。そのおかげで、人生の大部分はあくせくと休みなく働くことになり、人生における波の変動も頻繁にあります。長所は、衝動的な中に理性があり、強さの中に優しさを帯びている点です。短所は、一本気で剛直なこと、怒りっぽくて荒っぽいことです。理想があっても、それが実際的ではなかったり現実に即さないものだったりすれば、多く学んでも成功の可能性は少なくなるでしょう。

この星の人には、非常に良い特性と非常に悪い特性があります。もし剛柔を併せ持つことができ、加えて身分の高い人からの助力があれば、新規開拓した事業は成功します。往々にして、幾つかの職業を兼ねますが、いずれも成就することが多いです。

第二十六局 【紫微星寅】丑　命宮は丑で天機星

この命局の人は、せっかちですが心は善良です。機知に富みすぎるため、計画は良く変化します。自主的に行動し、積極性があり、弁舌の才能があります。仕事に対する反応が速く、政治方面でも商売でも適合します。また豊かな財産と高い地位も得られます。考えすぎ、心配しすぎることが欠点です。一途に思い詰めたり、どうでもよいことにこだわったり、細かいことを気にすれば、悩みが多くなり、感情面の挫折に遭いやすいでしょう。また、苦心して気を使い、お金を儲けます。意外な事故ケガに遭いやすいので、注意して防ぐようにすべきです。

女性は剛柔を兼ね備えます。家の内と外の両方に配慮ができます。夫の運を盛んにして、子供に良い影響を与えます。

第二十七局【紫微星寅】寅　命宮は寅で紫微・天府星

この命局の人は、気品があり、リーダーとしての能力があります。ただし性格は保守的です。若い時は事業などを発展させられず、苦労があります。生まれ故郷を離れて別天地に出て、やっと上昇気流に乗ります。その後、中年になるまで鍛錬し、人としての練磨を経験した後に、円満な性格になります。人当たりが良くなり、融通が利くように変われば、新しい局面を切り開き、積極的に動き、事業は順調に発展します。短所は、慎重が過ぎると、やがて怠惰へと変わり、現状に甘んじてだらけて過ごしやすい点です。なおかつ、悪賢いところがあります。

愛情の対象は一人に専心するのがよく、そうしないと自ら悩みを作り出して、結婚生活に多くの影響を与えてしまうでしょう。

第二十八局【紫微星寅】卯　命宮は卯で太陰星

この命局の人は、感情が豊富です。計略をよく用います。形而上の分野や占術などの術学、哲理の研究が好きで、夢中になります。またこれを生業とする者もいます。優れた点は、博学多才なこと。特に文学と芸術方面に素養があります。太陰星は財を主りますから、吉星に逢えば富を得られます。両親との縁が比較的薄いか、幼い頃に親の手を離れるかもしれません。また静けさを好み、それが得られないと怒りを爆発させます。短所は、意志が弱く、なおかつ感情的になりやすい点です。

男女共に恋愛関係での挫折が沢山あります。欠点を改善しなければ、お金に不自由し、寂しい一生になるでしょう。この命局の人は、夜生まれのほうが運は良いです。

第二十九局【紫微星寅】辰　命宮は辰で貪狼星

この命局の人は、多芸多才です。政治方面でも商売でも、どちらに従事してもすべて成就し、豊かな財産と地位を得られます。興味の方向や趣味は幅広いでしょう。人生の中でチャンスが多く、もしチャンスが巡れば、大金持ちになる格局です。ただし、多くは中年以降にやってきます。そのため、若い時は、黙々と田を耕すように勤勉に努めれば、必ず将来に豊かな収穫が待っています。一方、異性を貪り、酒に恋するのが好きな点が短所となり、事業の成功に影響を与えます。また一生の間で大きな衝撃的な出来事に遭いやすく、上手に転化できなければ、失望して志を失い、後の幸福に影響を与えます。

女性の場合は、物質的な楽しみを貪り堕落するのを防ぐべきです。

第三十局【紫微星寅】巳　命宮は巳で巨門星

この命局の人の優れた点は、上品で博学なことです。才能と徳を兼備し、新しく開拓する力もあります。自身の才能により、偉大な事業を創設できます。名利共に得られ、その業界のカリスマにもなれます。その反面、人生の道程が凸凹であるため、富貴になってもそれを失わないように用心しましょう。弁舌の才能を発揮できる仕事に従事すると吉で、一生平安で、波乱とトラブルを減らすことができます。

女性の場合は、女傑になる可能性がありますが、感情面に悩みがあり、結婚は紆余曲折が多くなります。そして、「初めは善くても、終わりは悪い」という特質に注意し、事前に防ぐようにしましょう。そうすれば、利を得て、安泰を保ち、福の恵みは多くなります。

第三十一局【紫微星寅】午　命宮は午で廉貞・天相星

この命局の人は、感情を重んじ、愛情の深い人です。何事も慎重に処理し、少しの嘘偽りもありません。

ただし、慎重の度が過ぎてしまったり、人の情に流されたりしているうちに臆病に変わってしまいます。それゆえ、もし高い地位に上ると、往々にして事を成し遂げたい、あるいは完璧さを求めて、急にせっかちになります。そうした自身の欠点を改善し、廉貞・天相の物事をこなす優れた腕前を発揮し、気力を充実させ、協調性と補佐の能力を向上させれば、事業運と財運は共に素晴らしくなります。

女性の場合は、誰からも好かれる人柄ですが、それゆえに感情面での悩みに苦労します。加えて、結婚生活を上手に営むことを努力目標にしましょう。

第三十二局【紫微星寅】未　命宮は未で天梁星

この命局の人は、聡明で、正直です。また策略に長けています。その多くは、あくせくと休みなく一生懸命に働く運命です。清らかな性格で、名声や物欲に捉われませんので、司法や監察等の仕事に従事することができます。しかし、一部の者は生れつき博打が好きで、非正規の職業に就く可能性があります。清らかさが孤高に変わってしまうと、考え方は悲観的な心理状態になりやすいでしょう。その場合、宗教の仕事に身を投じるとかえって成就します。

女性の場合、才能は群を抜いていますが、夫とは意味の無い争いが多くなります。教育関係や社会奉仕の仕事に従事するのに適しています。そうすれば、夫婦間の口喧嘩やいざこざを免れます。

第三十三局【紫微星寅】申　命宮は申で七殺星

この命局の人は、権威を具えていて、一つの方面の仕事を単独で引き受けることができます。ただし、周囲の環境からの強い圧力によって、何かをしようとすると大変苦心します。それゆえ、物事に対処する際は、融通をきかせるようにすれば苦労を減らせます。七殺の個性は、自主的で独立心があることです。どんな束縛をも嫌うため、人生の過程は辛苦をいっそう感じさせます。その人生は起伏が定まらず、鬱々と楽しめず、ただ苦中楽ありの心境です。

この命局の人は、公職あるいは大企業に勤めると多くの業績を上げます。その結果、管理職を担うことになりますが、頑固で独りよがりにならないよう注意が必要です。意地っ張りで勝気な性格により自ら失敗を招きがちになるからです。

第三十四局【紫微星寅】酉　命宮は酉で天同星

この命局の人は、性質が穏やかでおとなしいのですが、楽な方に流されやすく意気地なしとも言えます。また、向上心があり、センスが独特です。天同は福星ですが、むしろ煞星の働きで意識や感情を激しく呼び起こされるのを喜びます。それによって、奮起して向上に努めるからです。

禄星（化禄・禄存）があれば一生衣食は満ち足り、名誉と利益の両方を獲得できます。生まれ故郷を離れると金儲けのチャンスが増えます。そして、資金は潤沢となり事業は成功しますが、多災多難、富貴を長く持たせられないという欠点があります。それでも、「先に失ってからその後に得られる」という具合に、凶に遭っても、吉に化すことができます。

第三十五局【紫微星寅】戌　命宮は戌で武曲星

この命局の人は、剛毅でさっぱりとした性格です。その人生は、手仕事の技術を多く身に付け、趣味は広く、文武両道です。一般に、大器晩成の格局で、理財に長け、財産を増やせます。仕事ぶりにも迫力があります。もし、早い時期に成功したいと思うのなら、専門の技術を学ぶか、もしくは技術関係の職人になることです。そうすれば安心立命でき、名誉と利益の両方を得られます。

女性の場合は、気丈な性格で、決断力があって思い切りの良い人ですが、人生においては艱難辛苦を経験するでしょう。自分で事業をするよりも、何かの技術職に就くのが適します。愛情面では波風が立ちやすいので、夫婦関係の維持に気を配るようにしましょう。

第三十六局【紫微星寅】亥　命宮は亥で太陽星

この命局の人は、天真爛漫で無邪気な人です。しかし、多くは独りよがり、一方的な願望を持つ人です。そのため、名誉を得るのは容易ですが、それに比べて財を得るには苦労が伴います。行動的で気分の変化も多く、安定性がありません。それに加え、最初は勤勉ですが最後は怠けがちになります。子供の頃は多難で、する事は竜頭蛇尾になりやすい。熱心で誠意に溢れているので、その気質を保って根気強く続けるならば、過程では苦労を伴いますが、事業は成功し名誉と利益が共に得られます。

女性の場合は、あくせくと休みなく一生懸命に働きます。性格は率直で、心で思ったことをすぐに口に出します。その正直さゆえに、単純で騙されやすいともいえます。夫婦関係は感情をコントロールして調和させるのがよいでしょう。

紫微星が卯宮にある命宮十二局

天相平 第四十二局 巳	天梁廟 第四十三局 午	廉貞廟 七殺旺 第四十四局 未	第四十五局 申
巨門平 第四十一局 辰	紫微星が卯宮にある命宮十二局		第四十六局 酉
紫微旺 貪狼平 第四十局 卯			天同平 第四十七局 戌
天機旺 太陰閑 第三十九局 寅	天府廟 第三十八局 丑	太陽陥 第三十七局 子	武曲平 破軍平 第四十八局 亥

紫微星が卯宮にある命宮十二局

第三十七局【紫微星卯】子　命宮は子で太陽星

この命局の人は、慈愛に満ち溢れ、心が広く鷹揚です。ただし、自身は無力であり、他人の影響を深く受け、内心は苦悶が多いでしょう。人に対して温かく親切な気持ちを持っているが、寡黙に応対しがちで、その一生は辛い苦労が多いでしょう。この人が成功するには、権力と大衆の擁護を得ることが必要です。もし事業上で積極的に取り組むならば、先に名誉と地位、その後に利益とお金が得られます。ただし、人のあら探しなど批判的な態度を取る面があり、注意しないと、名誉を損失します。

女性の場合は、感受性が豊かです。そして、苦労を厭わず何事も自分でやり、他人の手を借りません。夫の運を盛んにして、子供をきちんと教育します。懸命によく働く人生となります。

第三十八局【紫微星卯】丑　命宮は丑で天府星

この命局の人は、慎重で保守的であり、財産を守ることに長けています。ただし、事業などを通してお金を生み出すことは得意ではありません。勉強するのが好きで様々な能力があり、道徳心があり、上品で高尚ですが、その反面、他人に対する警戒心が強く、なかなか腹を割らないために、気持ちがつかめない人と見られがちで孤立しやすくなります。それが嵩じると、頑固で独りよがりになります。そういった場合は、公務員などの公職か小規模の事業に就くと生活を保つことができて安心立命します。男性は、自分の事業の発展を助けてくれる妻と一緒になります。ただどちらかというと面白みのない人です。

女性の場合は、美しく艶やかですが、感情面の悩みが多くなりやすいので防ぐべきです。

第三十九局【紫微星卯】寅　命宮は寅で天機・太陰星

この命局の人は、細心で、頭が切れますが、時々陰険になります。一般的には、感性が豊かで、優しくて思いやりがあり、異性との縁が多くなりやすい、と言えます。職業は公務員などの公職や会社組織の幹部に非常に適合します。何事も計画してから、順に事を進める性格なので、物事の処理能力が高く、得難い専門家として認められます。

女性の場合は、容貌は美しく、端正な顔立ちです。しかし感受性が鋭いため、感情面での悩みが多く、要らぬ心配をしやすいでしょう。自身の能力が高い場合、往々にして夫に対して不満が募ります。甚だしい場合には、表面は仲良くしていても内心はしっくりいかず、感情面での葛藤も多いでしょう。夫婦関係を上手に築く努力が必要です。

第四十局【紫微星卯】卯　命宮は卯で紫微・貪狼星

この命局の人は、多情な人です。古人は「桃花が主を犯す（欲望が命盤の主を虜にする）」と言いました。帝王に恋愛が多いと国家事業に影響を与えるため、古代では深刻な問題でしたが、時代は変わりました。しかも、この命局の人は、往々にして事業で成功を収めます。その成就はずば抜けており非凡です。豊かな富を得て高い地位を楽しめるため、大きな権力を握った時は、気分が良くなり、大変に愉快な人になります。ただし、物質的な享楽だけを追求しているだけでは、財運は良かったとしても、その運には限りがあるでしょう。

女性の場合も多情で、結婚前には恋愛関係のトラブルが多くなります。ただし、結婚した後は、家庭を顧みて家族の面倒をよく見て、夫の運を盛んにし、子供にとっても良い母になります。

第四十一局【紫微星卯】辰　命宮は辰で巨門星

この命局の人は、雄弁であり、口が達者です。しかも、話していることにはどれも実があるため、説得力や権威を具えています。これらの長所を生かして、公職、教育、広報活動等に従事すると、すべて成就します。猜疑心が強いことが欠点で、「裏では、あれこれと批判が多い。人との付き合いは、初めは良いが、終わりは悪い。富貴を得られたとしても、その吉凶は半々である」と古人は評しています。

事業が壮大となり、財源に事欠くことがなくなっても、巨門の短所は終始存在します。たとえば、お金が原因で人との紛争を引き起こしたり、訴訟事も絶え間なく起こったりします。これらは一種の揉め事であり、災いやトラブルのたぐいです。単なる口ゲンカを指しているのではありません。

第四十二局【紫微星卯】巳　命宮は巳で天相星

この命局の人は、誠実な人柄で、惻隠の心があります。そのため、しばしば弱い者に味方して強い者をやっつけます。自分にはエネルギーがあり人と比べて強いという感覚があり、寛容で度量の広い性格を具えています。極めて優秀なプランナー、かつ人と人の間の紛争を解き、調停ができる能力を有しているので、組織の管理職となると、事業は成功を遂げます。ただし、独立心がやや弱く、自分で商業を営むと、挫折や失敗が多くなりよくありません。

また、男女間の悩みが多くなり、自分か配偶者に浮気があり夫婦生活は円満ではありません。生まれつき性質が善良であるため、感情面で悩んだ時はいつも耐え忍びますが、内心では大変苦しいと感じています。

第四十三局【紫微星卯】午　命宮は午で天梁星

この命局の人は、正直であり、無私の人です。経験豊富で考え方は老成していて、落ち着きがあり思慮分別があります。名誉や物欲に捉われず、清らかで超然として名士の風格があります。ただし、敵のように悪を憎む正義感ゆえに、かえって人から受け入れ難くさせます。このため高潔な職務、たとえば、監察、教育者、聖賢の道を伝える伝道師などを担うのが非常に適しています。要職に身を置くばかりでなく、卓越したパフォーマンスがあるので、身分や地位の高い貴人の抜擢を得て、一歩先んじることができ、やがては高い地位と高給を得る運命です。ただし、親族と縁遠くなる恐れもあり、そのため自身あるいは身内に関して総じて気の毒な面があります。

第四十四局【紫微星卯】未　命宮は未で廉貞・七殺星

この命局の人は、感情を重んじ、情感の深い人です。何かを新しく創り、始めるのが好きです。度胸と識見は抜群で、勇敢に物事の改良を進めて向上させます。文武両道に秀で、強さと柔軟さを兼ね備えていることから、新規の改善案を打ち出す能力があり、それによって豊かな富と高い地位を得ることができます。吉星が臨めば、事業は比較的大規模となり、富貴はすべて得られます。凶星が会照すれば、事業はおおむね成功しますが、中には失敗することもあります。言動や進退に対して時々正しい指針を失うことが欠点です。男性の場合は、優しく善良な妻を得られます。

女性の場合は、思いやりがあり気をつかう夫と結婚します。また多くは共に白髪になるまで添い遂げます。

第四十五局【紫微星卯】申　命宮は申で主星が無い（対宮の天機・太陰星を借りる）

この命局の人は、頭が良く有能で、計略に長けています。あくせくと休みなく働きます。もし、身分や地位の高い貴人の助けが得られるなら、辛い苦労を減らすことができます。その場合は公職、商売のどちらに従事しても良く、多くは単独で業務を担当し、富と地位を獲得します。また、リーダーの補佐役に就けば、大きな権力を握ります。ただし、自分が狡賢くて陰謀を働く小人に成り下がってしまうことに注意が必要で、その場合は挫折も多くなります。

女性の場合、容貌が美しく、顔立ちが端正です。人の気持ちがよくわかり、感情が豊かです。一方で、つまらない事にこだわり、考えすぎるきらいがあり、度が過ぎると、福があっても楽しむことができません。

第四十六局【紫微星卯】酉　命宮は酉で主星が無い（対宮の紫微・貪狼星を借りる）

この命局の人は、保守的で、落ち着きがあり、安定感があります。新しく切り開き創造する力には不足しますが、一定の順序に従って前進し、だんだんとお金持ちになります。事業においては、多くの成功を遂げます。広範囲に興味を持ち、趣味は多いのですが、学んでも精通せずその道の達人にはなりにくく、得意な専門分野は少ないでしょう。

桃花の星に会えば、異性との縁は多くなります。その場合は、広報・メディア事業・マスコミ業界に従事するのに適します。

女性の場合は、異性に惹かれやすく、恋愛の機会も多くなります。男女関係では浮気や不倫などが起きやすく、将来に良くない影響を与えます。結婚生活はよく気を配って営むのがよいでしょう。

第四十七局【紫微星卯】戌　命宮は戌で天同星

この命局の人は、性質が温和です。古人は「終生、福が厚い」と言いました。つまり、その人生には福分があって、それを受け取り楽しむことができます。ただし、気が弱いために周囲に流されやすく、怒ったり争ったりする場面では、感情に任せて行動しやすいところがあります。

この命局の人は、人生で挫折や苦労に遭遇した際に、それに対して奮い立てるかどうかで、二種類の全く異なる運命になる可能性があります。ある人は、困難に遭遇したことで発奮して、今よりも向上を図ります。もう一方は、それによってさらに弱気になり、その後はかえって多くの災難を招くことになってしまいます。

女性の場合は、時々感情的な反応がありますが、家の内と外を顧みることができます。仕事と家庭を両立し良妻賢母になります。

第四十八局【紫微星卯】亥　命宮は亥で武曲・破軍星

この命局の人は、個性が強く剛毅です。あちこち奔走して一生懸命に休むことなく働きます。しかし、お金は右から左に流れ去り、財を成すことができないので、自分で事業を経営するには適していません。それゆえ、古人は、「手工業の技巧を学び安心立命するのが良い」と考えました。専門の技術を生かした職業に就けば、成果を得られます。

古代では、専門技術者を下九流の人と呼びました。現代では、一つの技術に長ずれば、生活は安定して身を立てられるだけでなく、極めれば「巧芸で名を馳せる」こともあり、名声と利益を得られます。

女性の場合、非凡な気勢と大将の風格があり、事業も成功しやすいです。ただし、頑固一徹なところがあるので、結婚生活には気を配るのがよいでしょう。

天梁陷 第五十四局 巳	七殺旺 第五十五局 午	第五十六局 未	廉貞廟 第五十七局 申
紫微陷 天相旺 第五十三局 辰	**紫微星が辰宮にある命宮十二局**		第五十八局 酉
天機旺 巨門廟 第五十二局 卯			破軍旺 第五十九局 戌
貪狼平 第五十一局 寅	太陽陷 太陰廟 第五十局 丑	武曲旺 天府廟 第四十九局 子	天同廟 第六十局 亥

紫微星が辰宮にある命宮十二局

第四十九局【紫微星辰】子　命宮は子で天府・武曲星

この命局の人は、気骨があり、頑強さと保守的、二つの性格を同時に持ち合わせています。事業で容易に成功できるので、その人生は豊かな富と高い地位の両方を享受することができます。一方で、気性が荒く、かつ、人受けしないために、付き合いが少なくなります。もし禄星が無くて凶星が加会すると、財庫は空になり、孤立して身分や地位の高い人からの助けがなく、人生は艱難辛苦が多くなります。人に接する際は円満に対応することを心がけましょう。

男女を問わず、この命局の人は、恋愛面は、最初は熱く後で冷めやすいので、晩婚をお勧めします。そうすれば、結婚生活は和やかになります。かつ夫婦間の感情をつなぎ止めて上手に結婚生活を営みましょう。

第五十局【紫微星辰】丑　命宮は丑で太陽・太陰星

この命局の人は、気性の変化が激しい人です。気分が明るくなったり、暗くなったり、とりとめがありません。また虚が多く実が少ないため、捉えどころがなくて、人を当惑させます。天気が晴れていても、ある時に曇って、突然にわか雨が降るようなものです。この命局の人は、命格の高低の差がとても大きいので、豊かな生活をしても、長く続けられなかったり、あるいは健康面がよくなかったりと、一生あくせくと働き、苦労が伴います。理知的になれば、だんだん福に恵まれるようになるでしょう。もし吉星が会照すれば、財源は拡がり、事業は順調です。

一般に、早婚は別れやすいので、晩婚が良いでしょう。

第五十一局【紫微星辰】寅　命宮は寅で貪狼星

この命局の人は、話をするのが上手で、弁舌巧みです。また、多芸多才です。もし貴人の抜擢があれば、事業は成功しやすいでしょう。ただし、継続させる力が足りなかったり、あるいは成功しても長く持たせられなかったりする傾向があるので、それを防ぐべきです。商売を経営するのであれば、どちらかというと投機に長けています。そして、潮時を見て切り上げるのが良いでしょう。

注意すべき点は、桃花の運の影響を受けることです。浮気や不倫などの色事によって災いを引き起こす傾向があるので、過失責任を負わされないよう注意しましょう。身は忙しく心も乱れた状態になれば、成就は限られてしまいます。

女性の場合は、晩婚するのが良いでしょう。

第五十二局【紫微星辰】卯　命宮は卯で天機・巨門星

この命局の人は、気性はせっかちですが、心は善良です。機知に富み、とっさの対応ができますが、計画がよく変わり、何ごとも竜頭蛇尾になりがちです。また、いつも病気ではないかと心配し、疑り深いです。決心がつかずあれやこれやと迷い、また気が変わりやすいため、何ごとも中途半端になり、何か一つの職業に専念できない可能性があります。人生はこれまで順調だったと自分では感じていますが、実際上は違うことも多いです。もし、自身の欠点を改善できれば、事業運と財運は共に良くなります。

女性の場合は、恋愛や結婚面は不利です。いつも、どうでも良いことにこだわり、頭を悩まします。感情面のコントロールをして、結婚をより良いものにしましょう。

第五十三局【紫微星辰】辰　命宮は辰で紫微・天相星

この命局の人は、富貴の格局でリーダーの才能があります。ただし、主観による先入観が強いので、いくらか横暴な性質を帯び、ひどくなると、頑固で高慢、独善的になります。そうした性格のため、事業が成功しても、他人から排斥されてしまいやすくなります。吉星の擁護を喜び、凶星の会合を喜びません。

この命局の人は、無情に思われがちですが、内心は苦しみや悩みごとを多く抱えていて、波乱と変動の人生を送ります。

女性の場合は、単独で仕事を一手に引き受けられる能力を持ちますが、情があっても情がないと思われ、人から誤解されるのは免れません。自分の感情をもっと表現したほうがよいでしょう。さもなければ、自身も損をしますし、はては結婚生活に悪い影響を与えます。

第五十四局【紫微星辰】巳　命宮は巳で天梁星

この命局の人は、放浪癖があり、一人でふらりとどこかへ出かけて行くとか、当てのない旅が好きです。孤高で、群れから離れ、一般人とはうち解け合わない性格ですが、名士の風格があります。もしこの孤独で周りに人を寄せ付けない性格を調和させることができるなら、事業は容易に成功します。また、清らかで高潔であるため、利を得るよりも名声が大きいのを喜びます。ただ悩みが増えると、無気力、怠けがちになり、花鳥風月を愛好します。

この命局の人の欠点は、災難や病気が比較的多いことで、ひどい場合には、訴訟の可能性もあります。人間関係は和やかさを欠き、その挙げ句、晩年は孤独になり、寂しいと感じるかもしれません。楽しみを追求する性格と好色さには注意しましょう。

第五十五局【紫微星辰】午　命宮は午で七殺星

この命局の人は、潔くきっぱりとした性格です。外見は猫背の人が多いでしょう。仕事では、独りである方面を担当するほどの能力があります。紆余曲折、艱難辛苦を経験し、中年以降に成功します。文章がうまく、スポーツにも秀でる文武両道の人ですので、公職に適し、従事すれば発展します。身分と地位の高い人の抜擢を得れば、さらに成功も大きくなります。また、外科医、技師、料理人など鋭利な道具や刃物を使う仕事に就くと財を得ます。ただし、残酷な性格で、微妙な人間関係や世事がわからないために、自分もまた寂しい思いをします。

女性の場合は、自身の仕事を持つべきです。夫婦とも気が強いので、工夫しないと結婚生活を維持しにくくなります。

第五十六局【紫微星辰】未　命宮は未で主星が無い（対宮の太陽・太陰星を借りる）

この命局の人は、明るくなったり暗くなったり、冷静になったり感情的になったりと気分の移り変わりが激しいです。一言でいうとお天気屋さんで、「晴れと曇りが定まらない」という印象を他人に与えます。ですから、一時の感情に任せて行動しないように注意すべきです。さもなければ、事業の発展にも影響を与えます。凶星が会照すれば、自身に災いや病気が多くなります。あるいは子供の頃に家を離れて学校に通うなど、父母との縁が比較的少なくなります。もし自身の欠点を改善できれば、事業も財運も共に順調になり、豊富な財産と高い地位も期待できます。

女性の場合は、気分の上下が激しいため、年齢が離れている人と結婚するとうまくいきます。

第五十七局【紫微星辰】申　命宮は申で廉貞星

この命局の人は、二つの桃花の星が会っています。ですから、多芸多才、その上、人付き合いがよく、人気があります。表向きはソフトですが、内面は厳しく毅然としていて、艱難辛苦を経歴した後に成功します。もし、長所が生かせれば、事業は順調となり、財運も思い通りになりますが、欠点が表れると、安定性に欠けることから、商売を営むのはよくありません。公務員などの公職に従事するか、サラリーマンが向いています。あるいは、専門技能を持つと生業を立てていけます。

女性の場合は、やや苦労しますが、立ち居振る舞いがきちんとして物わかりの良い人です。家庭をよく顧みて家族の面倒を見ます。夫の運を盛んにして子供をよく教育します。

第五十八局【紫微星辰】酉　命宮は酉で主星が無い（対宮の天機・巨門星を借りる）

この命局の人は、熱しやすく冷めやすく、気分が度々変わるため何事も竜頭蛇尾になりやすいです。お金を儲けるために、工夫を凝らし努力します。たとえ吉星があって、お金に事欠かなくても、人生ではまた不十分だと思うことが多いでしょう。禄星に会えば、事業は成就しますが、欠点が先に立つと、たとえ順調にいったとしても満足を知りません。とめどなく悲しみ、不満を言い、取り越し苦労をしがちです。恋愛や結婚に関しては紆余曲折があり、挫折しやすい傾向があります。最悪の場合、再婚します。

女性の場合は、聡明で機転が利きますが、不平や恨み言が多くなります。空想が多く、白昼夢を見るのを愛します。

第五十九局【紫微星辰】戌　命宮は戌で破軍星

この命局の人は、人生の浮き沈みが激しくなりますが、全力を尽くし様々な難関を突破していきます。そのため、休むことなく一生懸命に働き続けます。しかし、一時の感情や意地から、衝動的に行動を起こしやすい傾向もありますので、盲目的な行動は避けるようにしましょう。最も良いのは、一芸に秀でるか、専門技術を身に付けることです。そうすれば、身を立てられて、安心立命ができます。人生に明確な目標があったほうがよく、計画的に達成するようにします。もし、強く激しい性格をコントロールし、円満に変えるようにすれば、身分や地位の高い人からの援助を受けられます。そうすれば孤軍奮闘に到らずに済みますし、お金の面でも事業上でも、すべてうまくいくでしょう。

第六十局【紫微星辰】亥　命宮は亥で天同星

この命局の人は、個性は温和で心の優しい人です。一生涯を通じて、沢山の喜びと楽しみを享受できます。軟弱で、かつ怠惰で、立ち居振る舞いがだらけやすいところが欠点で、ひどくなると向上心が欠乏します。そうなれば、事業の成就はまた往々にして限界があります。天同の享楽的な一面を減らし、刻苦勉励、苦労に耐える心の状態を奮い起こし、進取の精神を増すようにすれば、人生はさらに成功を収めやすくなります。

女性の場合は、意志の力が薄弱です。容貌は美しいのですが、花があっても実は無いのと同じで、見かけばかりで実質が伴いません。金銭により堕落しやすくなるので注意すべきです。さもなければ、後日、福の恵みに影響を与えます。

紫微星が巳宮にある命宮十二局

紫微旺 七殺平 第六十六局 巳	第六十七局 午	第六十八局 未	第六十九局 申
天機廟 天梁旺 第六十五局 辰	紫微星が巳宮にある命宮十二局		廉貞平 破軍陥 第七十局 酉
天相陥 第六十四局 卯			第七十一局 戌
太陽旺 巨門廟 第六十三局 寅	武曲廟 貪狼廟 第六十二局 丑	天同旺 太陰廟 第六十一局 子	天府旺 第七十二局 亥

紫微星が巳宮にある命宮十二局

第六十一局【紫微星巳】子　命宮は子で天同・太陰星

この命局の人は、感情表現が豊かです。また、人望があるため、人の縁をたやすく得られます。特に異性の縁が多いです。ただし、お金を得るのに、心身ともに疲弊・消耗します。まず名誉を得てから、その後に利益を求めるようにすると、大きな成功を収めることができます。この命局の人は、人生で遭遇する挫折と苦労とのつきあい方で、二つの違った運命が用意されています。一つは、挫折と苦労を発奮材料として頑張ることで、事業を大きく成功させるもの。もう一つは、挫折の衝撃が大きすぎて立ち直れず、その後の人生を棒に振ってしまいかねないものです。

女性の場合は、聡明で容貌は美しいのですが、不安や悩みを抱えやすい性格です。もし心の中の悩みを解決して切磋琢磨すれば、人生はまさに幸せと恵みが多くなるでしょう。

第六十二局【紫微星巳】丑　命宮は丑で武曲・貪狼星

この命局の人は、理想が高いだけでなく野心家です。理財の才能があり財産を増やすのがうまいので、大きな富を成します。もし身分や地位の高い人からの援助が得られれば、大きな権力を握り、事業規模を巨大化させることができます。ただし、若い時に実家が没落しやすく、自分の力のみを頼りに、新しい事業を必死で頑張る必要があり、このために多かれ少なかれ利己主義的な人になりがちです。古人はこの格局の人を、人生の起伏が激しく、「主に少年時代は不利。最初は貧乏だが後に豊かになる。吝嗇で物惜しみする人である」と言っています。

女性の場合、自分の事業を手がけることができますが、夫との夫婦関係はあまり良くありません。もし離れている時間が多ければ婚姻生活は維持できます。

第六十三局【紫微星巳】寅　命宮は寅で太陽・巨門星

この命局の人は、人として率直です。言葉に長じ、雄弁な人が多いので、その長所をうまく発揮すれば、名誉と利益を共に収めます。「巨日が同宮すれば、三代にわたり官を封ず」と古人が言うように、大きな富と高い地位を得ることができますが、そのために精神を疲弊させ、肉体を酷使します。生れ故郷を離れ新天地に行くと、事業の成功を収めることができます。特に、昼間に生まれた人は、運が良くなります。ただ、自説を固執して譲らず、よく怒り、頻繁に争う性格です。自分の感情をコントロールしないと、訴訟が起こる可能性もあります。

女性の場合、結婚には相応しくない人に出会いやすく、感情面での悩みが多いでしょう。

第六十四局【紫微星巳】卯　命宮は卯で天相星

この命局の人は、心が優しく、善良で、言うことは信用できます。かつ正義感も強いです。ただし、何をするにも慎重すぎる、考えすぎる性格が災いして、物事を良くしたいと思うあまり、せっかちになったり、事業に挫折し、何事にも消極的になったりしやすくなります。生活における情趣もあまり持ち合わせていません。

この命局の持ち主は、リーダーの補佐役や組織の幹部を担うのが適任で、これによって事業は発展します。しかし最高権力の座に就くのは良くありません。プレッシャーのある座に就くと、それに持ちこたえられなかったとき、不首尾に終わってしまうことになります。補佐役に徹することで、長所が生かされて富貴を共に得られます。

第六十五局【紫微星巳】辰　命宮は辰で天機・天梁星

この命局の人は、感受性が強く、人の気持ちがよくわかります。必ず一芸に長じ、専門の技術を持っている上に、多芸多才であり、言葉が巧みです。そのため、順序よく仕事をこなし、その処理能力も高く、参謀役にうってつけの、「機月同梁」の特性があります。「文官は清廉、武官は忠良である」と古人が言うように、チャンスに恵まれれば、才能と知恵を十分に発揮しますが、大きな志を抱いていたとしても、時々自分の才能は世に認められていない、懐才不遇であると思ってしまう欠点があります。また、原則を厳格に守る性格から、何事においても比較しがちで、思い悩みすぎるきらいがあり、人生においてままならないことが多くなるので、自身の度量が狭くなりすぎることに注意する必要があります。

第六十六局【紫微星巳】巳　命宮は巳で紫微・七殺星

この命局の人は、常にパワフルなスタイルを見せつけます。行動は穏やかで、考え方は隅々まで注意が行き届いていますが、時折、自己目標の達成のために利己的になる傾向があります。公務員等の公職に従事すれば成就します。基本的に良い格局で、高貴な気質で、その勢いはすさまじく、さらに権威を具えます。ただし、横暴で筋が通らない、道理に合わない無茶な性格や、頑固で独りよがりな面を改善しなければ、自然と成功は尻すぼみとなります。

女性の場合は、キャリアウーマンになれば、事業の多くは成果が出ます。結婚生活においては、自身の強さとアグレッシブさを抑制できれば、家庭も幸福ですが、強く出てしまうと、独りよがりな性格から、かえって孤独に暮らすようになります。

第六十七局【紫微星巳】午　命宮は午で主星が無い（対宮の天同・太陰星を借りる）

この命局の人は、怠け者です。めんどうくさがって、なすべきことを行おうともしない上に、何をしても竜頭蛇尾になります。人生に挫折するとか、思い通りに運ばないといったことが多いのは、そうした軟弱で怠惰な性格が原因で、生涯にわたって苦しみが多く、望み通りのことを成し遂げるのは困難です。ただし、適度にやる気を呼び起こし、発奮して、向上を図り、怠けやすい習性を徹底的に改善すれば、人生は良い方向に向かいます。もし、擎羊星や火星が会照すれば、刺激を受けて怠け者に至らずにすみます。頑張って努力を重ね、一通りの苦労を経験した後に、事業を成功させ、莫大な富と高い地位の両方を得ることになります。

第六十八局【紫微星巳】未　命宮は未で主星が無い（対宮の武曲・貪狼星を借りる）

この命局の人は、まじめにコツコツと努力をする性格で、仕事ぶりも着実です。その一生は比較的安定しています。「少年時代は不利である。人生は先に貧しくて後になり裕福になる」と古人が言うように、生活の手段として、早いうちに何か専門の技術を習うべきです。火星・鈴星が会照すれば、身分や地位の高い人の援助を受け、経済の重要な権力を握り、想定外の成功のチャンスをつかみます。ただし、凶星に会うときは、大成功した後の大失敗を防ぎ、良い頃合いのところで受け取るべきです。そうして初めて幸せと恵みは多くなります。

女性の場合は、剛毅と柔軟な性格を兼ね備えるので、自身の事業と家庭を両立することができます。夫に対する態度も剛柔を兼ねて接します。

第六十九局【紫微星巳】申　命宮は申で主星が無い（対宮の太陽・巨門星を借りる）

この命局の人は、気さくで、人付き合いがよい性格の持ち主です。話も上手ですが、その反面、する事に根気がなく、初めは一生懸命で勤勉なのですが、後は怠けがちといった状況になります。また、裏ではいつも人を批評しているようなところがあります。仕事面では、努力を続け、苦労の連続ですが、それが後々の成功につながります。話すことに関係のある仕事に就くとよいでしょう。どちらかというと良好な格局を形成しやすく、吉星が会照すれば、容易に名声と利益を得られ、財運も良いです。この命局の人は、天真爛漫で無邪気です。

女性の場合、恋愛では挫折に遭いやすいので、晩婚するのがよく、そうすればうまくいきます。

第七十局【紫微星巳】酉　命宮は酉で廉貞・破軍星

この命局の人は、理想が高く、大きな志があります。剛毅で大変気丈な性格なため、創業者にふさわしい人材です。ただし、その人生は変動が多く安定性に欠け、仕事上で疲弊し、多大な労力を費やします。この命局の人は、一つの業種で満足できない特徴があり、変わったものを見ると、すぐに気移りしやすく、それが投資判断の過ちにつながります。工芸技術などの一芸に長ずるか、専門技術を身に付けるのがよく、そうすれば安心立命します。苦労の甲斐があって、大きな財産と高い地位を得ることができますが、思いやりに欠けています。

女性の場合、事業以外に結婚生活も大切にしないと、必ず波風が起きます。また、社会性も身に付ける努力をする必要があります。

第七十一局【紫微星巳】戌　命宮は戌で主星が無い（対宮の天機・天梁星を借りる）

この命局の人は、吉星に逢えば、富と地位を得、慈悲深い人です。分析能力が高く、雄弁であり、しかも言論の内容にはきちんと中身があります。しかし、話ばかり多くて、行動が伴わない傾向があります。往々にして富と地位があったとしても両備ではなく、衣食や給料に事欠くということはありません。ただし、金銭あるいは感情の悩みは尽きないでしょう。凶星に逢えば、お金は入って来てもすぐに出て行ってしまい、かえって煩わしい事を招きやすい。一芸に秀でるようになるか、何かの専門技術を身に付ける、あるいは弁舌の才を発揮できる仕事に従事するのが良いです。そうすれば、競争能力が強いため、事業の多くで、良い業績を上げられます。

第七十二局【紫微星巳】亥　命宮は亥で天府星

この命局の人は、財産管理が上手な上、慎重で保守的です。温和で、他の人を受け入れる度量が大きく、リーダーシップの能力があります。ただし、覇気を帯びていて人を牽制するところがあります。既得なものを守る余裕はありますが、創造力は明らかに不足します。つまり、理想はあっても実践する迫力と能力がないので、満足感は少ないでしょう。公務員などの公職・教育関係に従事するほかに、役職が次第に上がって高い地位に昇進するような職業、あるいは秘書や組織の幹部人員を担当するのに適しています。

結婚後の生活は、情趣にやや欠け、ロマンチックではありません。婚姻生活の潤いを大切にして、よく気を配り、よき結婚生活を送ることを心がけるようにしましょう。

<table>
<tr><td>天機平
第七十八局
巳</td><td>紫微廟
第七十九局
午</td><td>第八十局
未</td><td>破軍陥
第八十一局
申</td></tr>
<tr><td>七殺旺
第七十七局
辰</td><td colspan="2" rowspan="2">紫微星が午宮にある命宮十二局</td><td>第八十二局
酉</td></tr>
<tr><td>太陽廟
天梁廟
第七十六局
卯</td><td>廉貞廟
天府旺
第八十三局
戌</td></tr>
<tr><td>武曲閑
天相廟
第七十五局
寅</td><td>天同陥
巨門旺
第七十四局
丑</td><td>貪狼旺
第七十三局
子</td><td>太陰廟
第八十四局
亥</td></tr>
</table>

紫微星が午宮にある命宮十二局

第七十三局【紫微星午】子　命宮は子で貪狼星

この命局の人は、人との交際に長けている上に、多芸多才です。欲は比較的深く、小さな利益でも貪ります。貪狼の本性は、趣味が広く、夜を徹して徹底的に遊びつくして余すところがない、というイメージです。これに桃花の星が加われば、財産がある中で、酒と色に惑溺するでしょう。そのために身は忙しくなり心を乱してしまえば、事業の発展に際して無援となり、物事がうまく進まず、境遇に恵まれない、いわゆる「懐才不遇」になります。自分の欲望を節制して、同時に技芸を身に付けるか、何かの専門技術を学習することで、安心立命ができます。もし火星や鈴星に会えば、必ずチャンスに巡りあい、才能を発揮します。思ったとおりの人生を歩め、富貴を楽しめます。しかし、男女共に早婚には適しません。

第七十四局【紫微星午】丑　命宮は丑で天同・巨門星

この命局の人は、話上手ですが、感情の起伏が大きく、気分が変わりやすいです。表向きの態度とは違って、裏で陰口をたたくなど喧嘩の種を播きやすい性格で、よく争いよく憤ります。また、自説に固執して譲らず、精神的な苦しみや悩みを口に出して言うことができません。心の中にある怒りや不満を吐き出すことができれば、こうした性格は幾分良くなります。仕事としては、弁舌の才能を発揮できるもの、あるいはサービス業に従事するのが良く、もし従事する業種が合わないと、その仕事の意義が見出せず悩みます。若い時には、苦労も多くなりますが、中年以降はだんだんと順調になります。禄星に会えば、財運も良いでしょう。女性は良妻賢母になります。

郵便はがき

恐縮ですが切手をお貼りください

1 0 1 0 0 5 1

東京都千代田区神田神保町3-2
高橋ビル2階

株式会社 太玄社

愛読者カード係 行

フリガナ		性別
お名前		男 ・ 女

年齢	歳	ご職業	
ご住所	〒		
電話			
FAX			
E-mail			
お買上書店	都道府県	市区郡	書店

ご愛読者カード

ご購読ありがとうございました。このカードは今後の参考にさせていただきたいと思いますので、アンケートにご記入のうえ、お送りくださいますようお願いいたします。

●お買い上げいただいた本のタイトル

●この本をどこでお知りになりましたか。

1. 書店で見て
2. 知人の紹介
3. 新聞・雑誌広告で見て
4. DM
5. その他（　　　　　　　　　　　　　　　　　　　　　）

●ご購読の動機

●この本をお読みになってのご感想をお聞かせください。

●今後どのような本の出版を希望されますか？

購入申込書

本と郵便振替用紙をお送りしますので到着しだいお振込みください（送料をご負担いただきます）

書　籍　名	冊数
	冊
	冊

●弊社からのDMを送らせていただく場合がありますがよろしいでしょうか？

□はい　　□いいえ

第七十五局【紫微星午】寅　命宮は寅で武曲・天相星

この命局の人は、表向き人当たりはソフトですが、内面は自分に人一倍厳しい性格です。その分、やはり内心に多くの不安を抱えます。正義感があり、物事を慎重に処理できますので、リーダーの補佐役や組織の幹部に適合します。自分に厳しい反面、主観が強く、そのため苦労も多いでしょう。ある時は、すぐに勝ちたいという気持ちと深い野心によって衝動的に行動し、かえって物事をしくじったりします。一つの技に長じるのがよく、それで安心立命できます。

女性の場合、特に気をつけたいのは夫の浮気です。浮気がなくても夫婦は離れていることが多く、一緒にいる時間が少なくなりますので、良い結婚生活を送るために細心の注意が必要です。

第七十六局【紫微星午】卯　命宮は卯で太陽・天梁星

この命局の人は、「貴を主り、富は主らず」という星の下に生まれています。ですから、主に、先に名声を得、後で利益を得ます。また試験などに参加すると、トップ合格するか、表彰されやすいでしょう。必ず、困難で辛く苦しい努力の過程を経なければならず、その後、事業上の成功を得ることができます。高貴さと清らかさを具えた性格のため、公職に従事するか、大手企業の中で職を任されるのが良いでしょう。

女性の場合は、飾り気がなく、率直で、何事も思い切りがいい性格で、家庭と仕事に気を配って両立させます。結婚前は、恋愛関係で挫折を経験したり、結婚を早まったりするとトラブルが発生しやすくなります。晩婚するのが良いでしょう。

第七十七局【紫微星午】辰　命宮は辰で七殺星

この命局の人は、生まれつき独立心が旺盛で、ある分野を任されると、独りで担当することができます。

責任感が強いため、生まれてから年をとってもずっと、休みなく一生懸命に働きます。自分の理想と計画を絶え間なく追い続けるので、若い時は、往々にして一人で奮闘し、辛酸をなめることになります。また、若い時に苦労しないと人生のどこかで重大な挫折を経験しますが、艱難辛苦を経験した後にようやく成功の果実を味わうことができます。いわば、「仕事だけの人生」と言っても過言ではないでしょう。中年以降に得られる、高い地位と権威は衆人に抜きん出ます。

女性は、強さの中に柔軟さを帯び、聡明で繊細です。また、夫の運を助けて子供を教育します。

第七十八局【紫微星午】巳　命宮は巳で天機星

この命局の人は、聡明で機転が利き、細心さと優しさを兼ね備えています。ただ聡明さがかえってあだとなり、チャンスを逸しがちで、たびたび失敗します。ある時は、ただ奔走し労して功無しということもあるでしょう。また、異性に人気があるため、恋愛感情のもつれなどトラブルを起こしやすくなります。技芸や稽古事は多く習っても、精進できないため精通するには至りません。その反面、事業とお金を簡単に創り出せる長所があり、生地から離れたところで成功を収めることができます。期限や気分がコロコロ変わるお天気屋さんで、心配性な性格です。一つの技芸に精通するのがよく、そうすれば安心立命します。

女性の場合、どうでもよいことにこだわります。異性の縁は多くなりがちですので、自ら男女関係の悩みを作りださないよう気をつけましょう。

第七十九局【紫微星午】午　命宮は午で紫微星

この命局の人は、他人の讒言を聞いて、軽々しく信じ、騙されやすい傾向があります。これは、いつも他人に先に話させたり、やらせたりしてから、自分でどのように処理するかを決める帝王の個性と符合しています。リーダーとしての統括能力がある一方で、利己心も強く、自分の利益に影響がない場合は、物事に関わりを持とうとはしません。この命局の人は、他人からの援助を獲得して、自身の才能をフルに発揮すれば、一生栄華を楽しめます。また、吉星が会照すれば、成功の度合いは大きいでしょう。祖先からの土地と財産もあり生活は安定します。リーダーとしての才能と迫力はあるが、短気を起こし、独り善がりな面もあることに注意が必要です。

第八十局【紫微星午】未　命宮は未で主星が無い（対宮の天同・巨門星を借りる）

この命局の人は、感情の起伏が激しく、人とのいざこざや言い争いが絶えず起こりますが、心の中には、口に出して人に言えない悩みを抱えています。吉星が会照すれば、心配事はかなり減るでしょう。公務員などの公職や大企業の中で任されると、どれも群を抜いて頭角を現し、良い業績を得られて成功を収めます。また、弁舌の才を発揮できる仕事に従事するのにも適しています。もし吉星が多く会照すれば、財官双美となり、豊かな富と高い地位を得ることができます。

この格局の女性は、聡明で、明晰で、人の気持ちがよくわかります。結婚すると、夫とは口喧嘩が多いけれども、夫の運を盛んにして、子供に対しては事細かく面倒を見ます。旺夫益子の命格です。

第八十一局【紫微星午】申　命宮は申で破軍星

この命局の人は、人と議論するのを好みます。頑固でせっかちな性格で、単独行動を好みます。欠点は、衝動的な面があり、何事も竜頭蛇尾になりがちです。また、自分あるいは両親の健康があまり優れません。吉星が会照すれば、人生は浮き沈みが多いけれども、事業を創業し成功させます。ただし、性格が傲慢なので知らない土地へ行くのがよく、地元にいると伝統に従わずまた陰口を叩かれて、事業の発展度合いは制限を受けます。また、技芸に熟達すれば、安心立命できます。

女性の場合は、外面は強くても内面は弱いので、挫折に遭うと意気消沈してしまいます。早く結婚すると様々な障壁があるので恋愛や結婚生活には細心の注意が必要です。入籍しない婚姻関係も多いです。

第八十二局【紫微星午】酉　命宮は酉で主星が無い（対宮の太陽・天梁星を借りる）

この命局の人は、多学多能であり、聡明で緻密な性格なので、勉強すれば勉強するほど、多くの能力を身に付けられるでしょう。「貴を主り、富は主らず」と言われるように、先に名誉を得た後に、利益を得るようにするとうまく行きます。たとえば、公務員などの公職に従事するか、あるいは会社の固定した職を任されるのに適します。ただし、一通りの苦労の過程を経た後、ようやく事業上で成功を収めます。吉星が会照すれば、名声を得、指導力は増し、社会的な地位はとても高くなります。

女性の場合は、考え方や態度がしっかりとして、福があってそれを楽しむことができます。夫の運をよく助けますが、結婚後は波風が立ちやすいので、晩婚が良いでしょう。

第八十三局【紫微星午】戌　命宮は戌で廉貞・天府星

この命局の人は、落ち着いており自制心があります。そのため、感情を顔に出さないので、自分自身を表現するのが下手です。感情が表に出ないので周囲からは積極的には見えませんが、常に人と比べてパワーが強いという感覚があり、黙々と自分の本分を守り仕事をします。また、繊細で感傷的なため、理想があっても、現実的ではないことや机上の空論は避けたほうがよいでしょう。ただし、仕事の重責を担当する度量があるので、順に物事を進めるなら、一通りの努力を経て、成功できます。

女性の場合は、剛柔を兼ね備えています。夫の運を盛んにし、よい子供に育てます。早婚すると不貞を働くような人に出会いやすいので、晩婚をお勧めします。

第八十四局【紫微星午】亥　命宮は亥で太陰星

この命局の人は、物静かで自制的で自分の感情はなかなか表に出さない内向的な性格です。いわゆる外柔内剛の人で、聡明であり、ウィットに富んでいます。男女とも人望があり、人の縁が多く、異性に好かれやすいです。ただし、深謀遠慮もまた多いです。人生でかなりの苦労をして初めて成功する、いわゆる無一文から家を興し、一代で財産を創る典型的な人です。吉星が会照すれば、博学多才、事業は何をやって大きく成功を収めます。

男女ともに愛情のもつれやトラブルが生じやすいので、年齢差のある配偶者を選ぶか、あるいは、女性が男性よりも年上であればうまくいきます。

第九十局 巳	天機廟 第九十一局 午	紫微廟 破軍廟 第九十二局 未	第九十三局 申
太陽旺 第八十九局 辰	**紫微星が未宮にある命宮十二局**		天府陥 第九十四局 酉
武曲陥 七殺陥 第八十八局 卯			太陰旺 第九十五局 戌
天同閑 天梁廟 第八十七局 寅	天相廟 第八十六局 丑	巨門旺 第八十五局 子	廉貞陥 貪狼陥 第九十六局 亥

紫微星が未宮にある命宮十二局

第八十五局【紫微星未】子　命宮は子で巨門星

この命局の人は、かなりの苦労と挫折を経てから、ようやく群を抜いて頭角を現します。まるで玉石が磨かれる過程を経て、価値が数百倍もの素晴らしい美玉に変わるようです。ただし、その才能をひけらかすとかえって嫉妬を招きやすく、最悪の場合は事業などが失敗に終わります。男性の場合、衝動的な性格であることが多いが、財産と地位を得られます。法律・政治・マスコミ関係に従事すると良いでしょう。

女性の場合、休みなく働き苦労しますが、夫の運を助けます。弁舌の才を活かせる仕事に就くと成功します。「最初は熱心で、終わりは冷淡」なところがあり、また争い事が多くなります。自身の徳を磨くことを心がけましょう。そうしなければ、成功後の富と地位は長く維持できません。

第八十六局【紫微星未】丑　命宮は丑で天相星

この命局の人は、道徳心が豊かで、品があり高尚です。人として誠意があり、心が優しいです。何かをする時は、積極的に自分で責任が負えるため、リーダーの補佐役や組織の幹部、調停役の人材に極めて有用です。凶星が会照すれば、人生に苦労がつきまといますが、一生裕福で高い地位にも恵まれ、衣食に欠くようなことはありません。ただし、何をするにも優柔不断なところがあり、優しいけれども気迫が足りないというお人好しが原因となって失敗することがあります。正義感に満ち溢れていますが、せっかちな性格のため、良き理解者を得るのに苦労し、やや孤独になりがちです。もし桃花の星に会えば、男性は自分自身が、女性の場合は配偶者に、浮気や不倫といった事態が発生しやすいでしょう。

第八十七局【紫微星未】寅　命宮は寅で天同・天梁星

この命局の人は、温和で、慈悲深くて善良、かつロマンチックで風流があり、生活の情趣を重んじます。その反面、心の悩みを抱えやすいでしょう。また、冷静な思考に欠け、執拗で意固地になりやすく、原理原則、伝統に固執しすぎる傾向があります。それが嵩じると、自ら孤高だと思い込み、自己陶酔に陥ります。この命局の人は、公務員などの公職かサービス業、もしくは、マスコミ・広報など伝播事業に従事するのがよいでしょう。吉星が会照すれば、名声と利益の両方を収められます。

女性は、柔和で美しい人ですが、意志の力が弱く、容易に異性をつけ込まれます。そのため、財運はよくても、自身の恋愛関係の悩みを防ぐ必要があります。

第八十八局【紫微星未】卯　命宮は卯で武曲・七殺星

この命局の人は、気丈で意志や性格が強いのが見て取れるだけでなく、頭が切れて有能です。性格は剛毅で、いつも毅然としていて、目標を達成させるためには手段を選びませんが、内心では思い悩んで逡巡していることが多い人です。一生の変化起伏は比較的大きい。気の強い性格を柔和にすることをいつも心がけて物事に臨めれば、さらに手腕を発揮して事業は大成功を収めますが、それができなければ、予想外な出来事を招きやすく、金銭で人と争う、強盗などの被害を受けます。職業は、殺気を帯びた仕事、たとえば警察、法律、外科医などを選べば、事故やケガなどの血を見る災いから解放されます。男性の多くは良妻賢母となる女性と結婚します。

女性は夫よりも強すぎる傾向にあるので、晩婚するか、年配のパートナーにすれば挫折を避けられます。

第八十九局【紫微星未】辰　命宮は辰で太陽星

この命局の人は、裏表がなく、ざっくばらんで、正直な人です。また聡明であり、記憶力に優れます。財産と地位の両方を得る格局です。法律・監察・教育・文化事業に従事する職業が良いでしょう。地位のある人と親しく交際します。名声を重視し、利益を軽んじる傾向があるので、名誉を獲得してから、その後に利益を得るほうが事業はうまくいきます。

吉星が会照すれば、事業は順調、資金の調達も広範囲にできます。

女性にあっては、善良で心が温かく親切で、あくせくと休むことなく働く人です。人気があって、人付き合いが良く、異性の縁も多くなりますが、早婚すると、素行不良の人に出会いやすく、険しい道のりになります。晩婚するのが良いでしょう。

第九十局【紫微星未】巳　命宮は巳で主星が無い（対宮の貪狼・廉貞星を借りる）

この命局の人は、多芸多才、聡明で、物わかりのよい人です。幼い頃より裕福な家に育ち、衣食に欠いたり、生活に困ったりすることはありません。また、家庭での躾がきちんとしていて、しっかりとした教養を身に付けていて、人生は穏やかで安定しています。ＩＱはすこぶる高く、なおかつ、芸術において特殊な天分があります。もし芸術、あるいは技芸関係の仕事に従事し、専心すれば、必ず名声と利益を得ます。さらに吉星が会照すれば、チャンスをつかみ、事業は大成功します。また、桃花の星に会うのを喜びません。なぜなら、酒・色・金銭の気を帯びる意味が強く出てしまうからです。

女性の場合は、人の気持ちをよく理解できる人で、思いやりを大切にします。そして、なかなか得がたい芸術の人材となります。

第九十一局【紫微星未】午　命宮は午で天機星

この命局の人は、心が優しく善良で、機知に富み、智謀に長け、かつ雄弁です。また、積極的で、頭の回転が速く、打てば響く性格を有しています。さらに吉星が会照すれば、聡明すぎる人になります。それゆえ、事業の多くは成功を収めます。政治方面でも商売方面でも従事することができ、全ての業種で次第に頭角を現し優秀なリーダーになります。ただし、考えすぎで余計な心配をし、どうでも良いことにこだわりがちで、お金を儲けるのにいろいろと苦心を重ねます。また、不測のケガや事故には、くれぐれも注意しましょう。

女性の場合は、聡明でよく知恵が働き、才知を巡らせることができるので、権力を握るのが大好きです。ただし、良妻賢母でもあります。

第九十二局【紫微星未】未　命宮は未で紫微・破軍星

この命局の人は、理想が高く、一本気で、度胸があります。実行力が強く、かつ新しく切り開く能力を具えているので、単独で物事を一手に引き受けられ、仕事を一任させることができます。つまり、リーダータイプで、この格局の人の多くは富と地位を享受できます。さらに吉星が会照すれば、指導力が増し、人生は順調に事が運びますが、成功した後に快楽に溺れるのは慎むようにしましょう。反面、環境への適応力や他人と歩調を合わせる能力に欠くため、志があっても伸びしろがなく、才能があっても認められない傾向にあります。

女性の場合は、キャリアウーマンが多いです。性格は慎重で余計な心配をしがちですが、夫と家庭をうまく切り盛りしていきます。さらに能力の高い人は、政治家にさえなれるでしょう。

第九十三局【紫微星未】申　命宮は申で主星が無い（対宮の天同・天梁星を借りる）

この命局の人は、品性と徳性が高尚で、気品に満ちています。事を処理するのに原則を重視するため、人からは人情味に欠けると思われることもあります。ただし性格は善良で、風流な人です。凶に遭遇しても吉に転化でき、一生安定した生活ができます。かつ異性の縁は途切れることがありません。ただし、それにより男女関係の悩みも多くなるでしょう。意固地なところがあり、他人の意見を素直に聞かないところが欠点で、孤高の人と自讃してうぬぼれる傾向があります。

女性は、特に自ら悩みの種を探しがちです。男女の愛情をあまりに理想化しすぎることから、掻き回されやすく、男女を問わず結婚にも影響を与えます。

第九十四局【紫微星未】酉　命宮は酉で天府星

この命局の人は、おっとりとしていて上品で、保守的な性格の持ち主です。楽しむことを愛し、少しずぼらな点もありますが、温厚な性質で、責任感は強いです。公務員などの公職に就いても商売を営んでも成功します。手元の資金が欠乏していない状況下では、他人と福を一緒に楽しむことができます。その一方で、誇大妄想の面があり、実現性のない空虚な理想論ばかりをぶち上げているのに、いつも自分の才能は世に認められていないと思っています。実際には本当に才能が足りないので、その自覚がなければ、成功の度合いに限りがでてきます。

女性の場合、自分の仕事と家庭を立派に両立できる得難い良妻賢母です。夫婦の年齢が離れているか、女性が男性より年上でもうまくいきます。

第九十五局【紫微星未】戌　命宮は戌で太陰星

この命局の人は、感受性が豊かで、人の気持ちをよく理解します。また、どちらかというと内向的でおとなしい人ですが、男女ともに異性からちやほやされ、出会いの機会も多いでしょう。ただし、不誠実な相手に出会いやすく、男女関係で心を悩ませることが多くなるので注意が必要です。太陰は、主に「富」を主りますので、一般にどの人もお金儲けが上手です。さらに吉星が会照すれば、大金持ちになり、高い地位に就くこともできます。

女性の場合は、見た目は穏やかでありながら、内面に強い意志を秘め、聡明で、機知に富んでいます。また、家事を切り盛りして、家を安泰にさせる良妻賢母の典型です。

第九十六局【紫微星未】亥　命宮は亥で廉貞・貪狼星

この命局の人は、生涯、成功と失敗の大波に支配され、なかなか安定できません。また、身内との縁がやや薄いので、若い時に故郷を離れて成功をつかむ格局です。弁が立つので、芸術・ＰＲ・広報・サービス業に適していますが、欲望が大きく、うわべが華やかで実質が乏しいものを好み、表面的な小技を駆使し、酒色や賭博などの遊びに血道を上げてしまいます。廉貞と貪狼は、喜怒哀楽を代表し、芸術の星でもあります。生活の品質を重んじ、精神的な楽しみも重視します。それゆえ、精神的な空虚を生みやすく、悩みがつきまといます。文芸や芸術を利用して精神的な苦悶を解放するのが良いでしょう。

女性の場合は、芸術、広報、サービス業に向きます。一通りの努力を経れば、成功もまた大きいでしょう。

太陽旺 第一〇二局 巳	破軍廟 第一〇三局 午	天機陷 第一〇四局 未	紫微旺 天府平 第一〇五局 申
武曲廟 第一〇一局 辰	紫微星が申宮にある命宮十二局		太陰旺 第一〇六局 酉
天同廟 第一〇〇局 卯			貪狼廟 第一〇七局 戌
七殺廟 第九十九局 寅	天梁旺 第九十八局 丑	廉貞平 天相廟 第九十七局 子	巨門旺 第一〇八局 亥

紫微星が申宮にある命宮十二局

第九十七局【紫微星申】子　命宮は子で廉貞・天相星

この命局の人は、理性よりも感情を重視します。嘘偽りがなく責任感がありますが、事を処理するのに慎重になりすぎ、臆病風を吹かせることになります。そのため、新規開拓の精神はないので、既成の成果を守るのが良いでしょう。この命局の人は、常に周りから強い影響を受けるため、外部圧力によって自分の環境を絶えず変えることを余儀なくされます。ただし、対処能力とやる気を高め、協調性と補佐力を上げれば、事業運も財運も共に素晴らしくなり、大金持ちになります。桃花の星に逢えば、有頂天になって調子に乗り酒色に惑わされ失敗します。

女性の場合、夫の浮気や夫婦が一緒にいる時間が少なくなりやすいので、結婚生活には気を配るようにしましょう。

第九十八局【紫微星申】丑　命宮は丑で天梁星

この命局の人は、温和で善良で、高潔で、正直無私です。富と地位の両方を得られます。潔癖で世俗に染まらないことから、法律、監察、教育、社会福祉の職業に従事すると成果が得られます。弁護士、医者、工業、技術者などに従事するのも適しています。ただし、高潔な個性が孤高に変わると、悲観的な人間になりやすいので、その場合は、いっそ宗教関係の仕事に身を投じると良いでしょう。また煞星の会照に逢えば、刑罰や殺生の仕事である弁護士や医師、もしくは工業技術のスタッフに従事するのに向いています。

女性の場合は、職業婦人の命です。もし煞星に逢うなら、教育や社会福祉関係の仕事に従事すると、夫婦の口論は減り夫婦円満になります。そうでない場合は、感情面の折り合いが悪くなります。

第九十九局【紫微星申】寅　命宮は寅で七殺星

この命局の人は、強さの中に柔らかさを兼ね備え、知恵と戦略があり、単独で一事業を担当できます。理想を追うのが好きで、若い頃から年を取るまで何かをし続け、あくせくと休みなく働き続けます。若い頃は苦しいけれども、苦労を積み重ねた後に、ようやく成功の果実を手に入れます。また、文芸に優れ、武術・スポーツにも優れます。しかし、自己顕示欲が強く、頑固で独善的で、自分の考えを無理やり押し通そうとする傾向があるので、お金や地位を得ても長続きさせられません。

女性の場合は、男勝りで有能ですが、自我が強すぎるので、結婚生活にも影響を与えてしまいます。特に子供の教育方針には配慮が必要です。

第一〇〇局【紫微星申】卯　命宮は卯で天同星

この命局の人は、心が優しく温和で、謙譲の美徳があり、礼儀正しいのですが、やや怠け者で感情をすぐに表に出します。吉星が会照すれば、一生福が厚く、のんびりと日々を過ごせます。人生は平穏ですが、刺激を受け、やる気を掻き立てられるのを喜ぶので、その後に向上心を発揮すれば、ある程度の成功を収めることができます。故郷を離れて新天地で事業をすると、段々とお金持ちになりますが、意志薄弱で、傷つきやすいところがあり、富貴を得ても長続きしません。ただし、凶に逢っても吉に化すことができるので、いつも先に失ってからその後に得ることになります。

女性の場合、多学多能で、家の内外に気が配れます。桃花の星に逢えば、広報・メディア業界・エンタメ業界の職でチャンスが得られます。

第一〇一局【紫微星申】辰　命宮は辰で武曲星

この命局の人は、剛毅で、豪快な性格のため、苦労への耐性があります。そして、社会へ出るのは早いが、成功するまでに時間のかかる、いわゆる「大器晩成」型です。若い頃は運が悪く、その上ゼロから始めることが多く、裸一貫から家を興すタイプです。何か一つの技芸を学習すれば、安心立命し、名誉も利益も得られます。また、自己満足しないで、努力奮闘を続ければ、中年以降に専門技術を頼りに裕福になれますが、若い頃に辛酸をなめ尽くすため、人間も狡賢く変わりやすいので注意が必要です。この命局は、やはり四十歳前後になってはじめて、豊かな富と高い地位を手にできます。

女性の場合、精神的にタフなため、苦労をいとわず、恨み言を言われても気にしません。

第一〇二局【紫微星申】巳　命宮は巳で太陽星

この命局の人は、いつでも嘘偽りなく、正々堂々としています。人柄は率直で、気前が良いのですが、陰口も多いです。この命局は、父母からの福と庇護に恵まれ、親の庇護で順調に過ごせるため、若い時に容易に志を得られますが、志を得た後に傲慢な態度になったり、才能をひけらかしたりすると失敗を招きます。言動を慎み、保守的になることで、ようやく不敗の地に立てます。名誉を先に求め、利益を後に回収すれば、成功と富貴の双方を得られます。

女性の場合は、ふるまいがきちんとして、威厳がありますが、どちらかというと、一生懸命にあくせくと休みなく働きます。恋愛感情を上手にコントロールして、結婚生活には充分に注意しましょう。

第一〇三局【紫微星申】午　命宮は午で破軍星

この命局の人は、勇気と決断力があり、開拓精神に満ちています。ただし、その人生はいつも休みなく働き、浮き沈みも多いでしょう。衝動的な中に理性を持ち、強さの中に柔らかさがありますが、我が強すぎて、怒りやすく、荒っぽいところが欠点です。また、理想ばかり高くて現実的ではないので、大願を成就させるのは難しいでしょう。もし、剛柔を兼ね備え、加えて地位と身分の高い人の援助があれば、働きづくめではあるけれども、盲目的な衝動に至らず、人生の変動も少なく順風満帆で、自分で開拓した事業で成功できます。

早婚すれば、必ず波風が立ち、配偶者が災いに遭うか病気になりやすくなるので、晩婚が良いでしょう。

第一〇四局【紫微星申】未　命宮は未で天機星

この命局の人は、せっかちですが、心は善良です。臨機応変でありながら、何かをする時は、必ず理路整然としていて、反応が素早く雄弁です。そのため、政治にも商売にも従事することができます。事業は競争が激しいのですが、成果もまた高いです。心配性でどうでも良いことにこだわり、考えすぎる傾向があるので、財を獲得したいなら、無駄な考えに時間を費やすのは止めるべきでしょう。また、行動を慎重にしてケガや事故を防ぐ必要があります。

女性の場合は、剛柔を兼ね備えるので、家庭内外に目が届き、夫の事業を繁栄させて、子供にとって良い母親になります。そして、豊かな富と高い地位の両方を得られます。

第一〇五局【紫微星申】申　命宮は申で紫微・天府星

この命局の人は、リーダータイプですが保守的な性格の持ち主です。若い頃はなかなか実力を発揮できませんが、生まれ故郷を離れて別天地に行くと、ようやく成功の道が切り開かれます。そして、中年になるまで人生の練磨を経て、性格を柔和にし融通が効くようになれば、成功できます。仕事面においては、慎重派なので、リーダーの補佐役や組織の幹部の人材になるのが最適です。新たな事業を開拓する勇気がありますが、環境に恵まれすぎると怠惰になることと、温厚に見えますが、悪賢く狡いところがあるのが欠点です。好きな相手や結婚相手は一人に絞らないと、トラブルを引き起こす可能性や、その後の結婚生活にも多大な影響を及ぼすでしょう。

第一〇六局【紫微星申】酉　命宮は酉で太陰星

この命局の人は、戦略性に富み、守ることも責めることもできる性格です。また、善良で正義感があり、温和で、礼儀正しい人です。玄学・哲学・宗教等を愛好するか、これを生業とします。このように、博学で文学や芸術方面の素養があり、様々な才能を具えています。もし名声が得られれば事業は順調に進展します。あるいは公職か教育事業に従事すれば、名声と利益の両方を獲得できます。その一方で、異性の縁が多く、男女の恋愛沙汰で悩まされやすく、若い頃の恋愛や結婚はほとんどうまくいきません。

女性の場合は、夫をコントロールする術に長けています。若い頃の恋愛は勝手気ままで思うとおりにいかないことも多いのですが、結婚後は平均的な良妻賢母になります。

第一〇七局【紫微星申】戌　命宮は戌で貪狼星

この命局の人は、多芸多才です。政治・商売を問わず、どれもすべて何かしらの成果を上げます。趣味が多く、異性と酒に溺れやすい傾向があり、これが事業の成果に影響を与えることもあります。この命局の人は、若い時は比較的苦労しますが、四十代以降にようやく大きな成功を収めます。若い時の成功で手に入れた富や地位は長く維持できないので、やはり忍耐強くコツコツと一生懸命に働いて、将来の豊かな収穫がやって来るのを気長に待つのがよいでしょう。

女性の場合は、物質的な楽しみを貪ることが原因で堕落する恐れがあるので、晩婚か、かなり年上の男性と一緒になれば、幸せな結婚が待ち受けています。

第一〇八局【紫微星申】亥　命宮は亥で巨門星

この命局の人は、「食禄で名を馳せる」と古人が言うように、ひと言でいうと、美食家です。ただし、暮らしぶりは質素で、節約家と言えます。また、起業家精神があり、故郷を離れ新天地に行って事業を起こすと富貴を得ます。弁舌の才を発揮する仕事に従事すると、大きな成功を収めます。しかし、人間関係において、最初は良い関係であっても、最後は悪い関係になったり、最初は熱心でも最後は冷淡になったりして、何事も長続きせず、非難の声を浴びるでしょう。自己の才能をひけらかし、人の嫉妬を招かないように、実力を磨くことを忘れてはいけません。

女性の場合、自分の仕事が夫よりもうまくいっている場合は、夫婦生活において、夫の嫉妬ややる気に気を配りましょう。

紫微星が酉宮にある命宮十二局

武曲平 破軍閑 第一一四局 巳	太陽廟 第一一五局 午	天府廟 第一一六局 未	天機平 太陰平 第一一七局 申
天同平 第一一三局 辰			紫微平 貪狼平 第一一八局 酉
第一一二局 卯			巨門旺 第一一九局 戌
第一一一局 寅	廉貞旺 七殺廟 第一一〇局 丑	天梁廟 第一〇九局 子	天相平 第一二〇局 亥

紫微星が酉宮にある命宮十二局

第一〇九局 【紫微星酉】子　命宮は子で天梁星

この命局の人は、知性や品格が高く、名声や物欲に捉われない性格の持ち主です。常に世俗の染まらないことをみずからに命じていて、賄賂をもらわない清らかな官吏のような人です。すこし孤独になりがちですが、人に対して親切で温かみに溢れる面も持ち合わせています。立場が偉くなり高い地位についても清廉潔白な人でありつづける非凡な才を持ちます。ただし、頑固で、人づきあいをあまりしない一面もありますが、商売に従事した場合には、人との付き合いは多くなります。吉星が会照すれば、お金には困りません。夫婦の間では、日頃から口論が多くなるので、結婚生活を維持するための注意は怠らないようにしましょう。

第一一〇局 【紫微星酉】丑　命宮は丑で廉貞・七殺星

この命局の人は、剛さと柔らかさを持ち、感情と理性を共に重視します。これはなかなか得難い人材です。また、常に現状に不満を感じ、新しさを求め、変化を欲します。多芸多才で沢山の才能があっても、根気よく続けられず、数多く学習してもなかなか物にすることができないのが欠点です。勝ち気で、自惚れも強いので、それを抑えられないと、もめ事や訴訟を招きやすいでしょう。しかし、感情と理性の両方を重んじる長所を十分に発揮すれば、人生で豊かな富を得て、幸せな結婚生活を送ることも難しくありません。

女性の場合は、自我が強いので、自分の仕事を持つと良いでしょう。年上の男性を夫に選ぶとうまくいきます。

第一一一局【紫微星酉】寅　命宮は寅で主星が無い（対宮の天機・太陰星を借りる）

この命局の人は、知的レベルが高く、仕事もテキパキこなし、手順を追って処理する能力が非常に高いです。その上、剛柔併せ持ち、言動のバランスも取れていますが、策略を弄することが多い傾向があるので、小賢しく卑怯な人間にならないよう注意すべきです。繊細かつ考え方は緻密であるため、最も適している仕事は、秘書、リーダーの参謀、組織の幹部を任されることで、自身の長所を発揮できれば、事業における成果は非常に大きいです。

女性でこの命格の人は、容貌は美しいですが、細かいことを詮索して、どうでも良いことに拘るので悩みはつきません。また、物の見方は悲観的で感傷的であるため、注意しないと精神のバランスを崩します。

第一一二局【紫微星酉】卯　命宮は卯で主星が無い（対宮の紫微・貪狼星を借りる）

この命局の人は、やや保守的で受身な生き方をするので、他人や周りからの意見で動くことが多くなるだけでなく、他人の話を聞いて、簡単に信じてしまう性格です。また兄弟とは縁が薄く、いたとしても仲はあまり良くないでしょう。とは言っても、やはり良い命格です。吉星が会照すれば、勉強して成功をつかみ、財運も良いです。多くの人の援助が得られ、また本人の才能を十分に発揮できれば、事業は成功し、名誉と利益の両方を手にすることができます。注意すべき点は、財運には恵まれますが、自己中心的で、浮気性です。そのため、異性に惹かれやすく、恋愛の機会は多くなりますが、トラブルも増えることです。

第一一三局【紫微星酉】辰　命宮は辰で天同星

この命局の人は、名士の風格があります。性格は優しく温和で、生まれついての福分があり、それを皆と分かち合うことができます。ただし、易きに流れやすく、怠け者で感情的になりやすい傾向があり、争いや短気をよく起こします。そのため諍いごとで心を悩ませたり、事業の発展に陰りをもたらしたりしますが、自分の長所や才能を発揮できる職種に従事するのがよいでしょう。

女性の場合、時々感情的な反応がありますが、家庭内外に心を配ることができ、結婚すると良妻賢母になります。

第一一四局【紫微星酉】巳　命宮は巳で破軍・武曲星

この命局の人は、聡明で機知があり、勇敢で、計略に優れます。その一方で、「湯を雪にかけるが如し」と古人が言うほどに浪費癖の傾向があり、お金は右から左へと去ります。つまり、蓄財することができません。このため、エンジニアなどの専門の技術職に従事するのがよく、その職に就くことで名声と利益を得ることができます。さらに、身分や地位の高い人から助力を得ることができれば、事業も大成功するでしょう。

女性の場合は、見るからに並外れた情熱があり、まるで大将の風格です。事業は苦もなく成功しますが、度胸が据わっていて自我が強いため、恋愛関係では波風が立ちやすい。自分の感情をコントロールして、結婚生活に臨みましょう。

第一一五局【紫微星酉】午　命宮は午で太陽星

この命局の人は、「特権の貴を有し、敵国の富、利には必ず名が随ってくる」と言われるほど、高い地位があれば富を得られます。まず、良い評判と立場を得た後に、収入がついてきます。ただし、人生は先に盛んになり、その後衰える現象があります。また、他人を力で押さえつけるような感じがあり、それゆえ、自分がしたことに相当するお返しが得られなかったり、落とし入れられたりする出来事が起きます。幸いにも、「災い転じて福となす」ことのできる特質があり、大事には至りません。

女性の場合は、豪快でさっぱりした性格の持ち主で、自身の事業を始めることができます。また、名声と利益を得られるでしょう。

第一一六局【紫微星酉】未　命宮は未で天府星

この命局の人は、何事にも慎重で保守的なため、財産を守るのは上手ですが、お金を生み出すのは得意ではありません。怠けやすく、言葉巧みに言い逃れたりするような面がありますが、沢山学び、色々な才能を発揮できる人なので、チャンスが回れば、才能の花を開かせることができます。また多くの人からの協力を得られので、富貴を兼ね備え、大きな成功を収めます。

女性の場合、運命的な結婚と思った人は、実は理想に全く及ばない人であり、最悪の場合は、夫婦だけれども離れて暮らしている、別居しているなど、夫婦とは名前ばかりの有名無実な関係になります。恋愛や結婚についてはよくよく考えてから行動に移しましょう。

第一一七局【紫微星酉】申　命宮は申で天機・太陰星

この命局の人は、物事を処理するのに必ず計画を立て、策を弄します。古代にあっては、官吏になる宿命の人で、公務員などの公職、あるいは大企業勤めに適性があります。なかでも秘書や補佐役を担当すれば、その長所を十分に発揮できるでしょう。さらに多くの人から支援を受けられれば、富貴は全て自分のものになります。ただし、謀略に長けており、考えや感情を顔に出さないため、ただの陰険な小人に見られてしまわないように気をつけるべきです。

感情豊かなため、男女問わず異性の縁は多くなり、さらに桃花の星に会えば、恋愛の機会は確実に増えます。男女の感情のトラブルを適切に処理しないと、すべて自分に降りかかってくるので注意が必要です。

第一一八局【紫微星酉】酉　命宮は酉で紫微・貪狼星

この命局の人は、大多数が社長の命格で、よく学ぶことができれば成果があり、事業は成功します。さらに大勢の人から支援を得られれば、事業は苦労せずに成功するでしょう。禄星が会照して、火星か鈴星を見れば、お金持ちになり高い地位に就きます。ただし、事業は失敗を経てから、成功を収めます。もし桃花の星が重ねて会うなら、「桃花犯主格」になります。これは、多情で、相手を一人に絞れない性格の持ち主となるので、自身の恋愛関係の問題を適切に処理するべきです。恋愛を含めて悩みが多く、それが事業の発展・成功に影響することが頻繁にあります。

女性の場合、愛情のもつれが多くなり、最悪の場合、結婚に相応しくない人と出会ったり、浮気や不倫などに遭ったりします。

第一一九局【紫微星酉】戌　命宮は戌で巨門星

この命局の人は、弁舌の才能があり、話の内容には整合性があり、しかも優れた説得力を兼ね備えています。その上、権威も具えていますので、公務員などの公職、教育関係、広報・ＰＲ等の仕事に従事し、自身の長所を十分に発揮できたなら、富と地位を得られ、望み通りの結果が得られます。さらに地位や身分の高い人からの助けがあれば、生涯にわたって事業は大きな成功を収めるでしょう。ただし、「裏では批判や悪口が多い。人と付き合うとすると、最初は仲が良く、最後は仲が悪くなる」、つまり、人に対して猜疑心が強く、怒りをぶつけ、頻繁に騒動を起こします。これらに十分注意しないと、訴訟や裁判を起こされたり、うまくいくはずの人生にケチをつけることになります。

第一二〇局【紫微星酉】亥　命宮は亥で天相星

この命局の人は、独立心に欠け、依頼心が強い性格のため、できれば専門の技術を学び、一芸に秀でるように努めると、愁いのない生活を送れるでしょう。この格局の人は、企画立案に優れ、プランナーとして才能があるので、非常に優秀な幕僚人財になれます。ただし、業績を重ねても、組織のトップにはならず、原則として「助手」の立場に徹するべきです。つまり、ずっと頼れる後ろ盾があってこそ、自分の成功は保証され、長期にわたり維持することができるのです。男性は、気立てがよく優しい妻を得ることができます。

女性は、聡明で落ち着きがあり、思慮分別があります。そして、夫の運を盛んにして子供をよく教育します。

天同廟 第一二六局 巳	武曲旺 天府旺 第一二七局 午	太陽旺 太陰平 第一二八局 未	貪狼平 第一二九局 申
破軍旺 第一二五局 辰	紫微星が戌宮にある命宮十二局		天機旺 巨門廟 第一三〇局 酉
第一二四局 卯			紫微閑 天相閑 第一三一局 戌
廉貞廟 第一二三局 寅	第一二二局 丑	七殺旺 第一二一局 子	天梁陥 第一三二局 亥

紫微星が戌宮にある命宮十二局

第一一一局【紫微星戌】子　命宮は子で七殺星

この命局の人は、独立心が強く、決断力があり、少し大袈裟なところがありますが、性格はさっぱりしています。外見は猫背が多いです。人生は苦労と波乱の連続で、必ず艱難辛苦を経験した後に、ようやく成功の果実を味わうことができます。文武両道の人ですが、人情味を欠くため孤独を感じることがあります。身分や地位の高い人の抜擢があれば大きな成功を収められます。また鋭利な刃物や道具を使う仕事、たとえば外科医、歯科医、技師、料理人に就くと、財を生み出すことができます。

女性の場合、自分で事業を始めると良いでしょう。それによって、夫婦で一緒にいる時間を減らせば、トラブルを回避できますが、衝突してしまうと、夫婦共に自我が強いため、調停することができません。

第一一二局【紫微星戌】丑　命宮は丑で主星が無い（対宮が太陽・太陰星）

この命局の人は、晴れたり、雲が多くなったり、にわか雨が降ったり、と気分の変化が予測しにくい、いわゆるお天気屋さんです。たとえば、物事に対しても、3分間だけ熱くなり、その後は何もなかったかのような態度を取るといった具合です。また、言葉に嘘が多く、しかも、いつも自分で言ったことを実現することができません。感情にまかせて物事を実行しようとすると、自分の事業や人生に影響を及ぼすような事態になります。もし自身の欠点が改善できれば、事業も金運も順調になり、富貴が期待できます。さらに、身分や地位の高い人の助けを得られて、有言実行の人になれれば、地位と財も得られるでしょう。

第一二三局【紫微星戌】寅　命宮は寅で廉貞星

この命局の人は、柔らかな物腰でありながら度胸の据わった気性の持ち主、いわゆる外柔内剛の人です。しかも才能は溢れんばかりで、上品さを具えます。もし吉星に逢えば、一生衣食に欠くことがないでしょう。ただし、良くない道楽にふけるおそれがあり、困難な目にあって苦しむことも多く、なかなか安定しません。専門の技術や技芸を持つなど一芸に秀でれば、生計を立てられ、うまくいけば有名になるチャンスもあります。そして、自身の長所と才能を充分に発揮することができれば、大きな成功を収めるでしょう。配偶者は気性が強いので、事を荒立てたりしないように心がけることが必要です。

第一二四局【紫微星戌】卯　命宮は卯で主星が無い（対宮の天機・巨門星を借りる）

この命局の人は、機転が利き、知恵があり、弁舌も巧みです。そのため、何かする時には、必ず計略を携えて事に臨みますが、熱しやすく冷めやすい性格なので、何事も竜頭蛇尾に終わりやすいです。恋愛関係は、独り善がりの度が過ぎて、片思いになりがちです。いざ恋愛が始まると、比較的長く続きますが、愛情は比較的淡泊です。度量が狭く、どうでもいいことに拘り、振る舞いも変わっているため、他人から捉えどころがない人と思われます。ただし、長所を発揮すれば、困難を乗り越えて事業は成功を収めます。

女性の場合は、聡明ですが、骨折り苦労が多く、恨み言が多くなります。空想・夢想好きですが、実行に移すことはなく、男女関係でも挫折しやすい傾向があります。

第一二五局【紫微星戌】辰　命宮は辰で破軍星

この命局の人は、自分勝手な性格のため、紆余曲折の多い人生になります。一生懸命に休むことなく働き、難関を突破するのに全力を尽くします。しかし、実際にはできもしない理想ばかりを掲げ、せっかくいいスタートを切っても、盲目的に動くばかりで、後まで継続させる力がありません。そのため、専門の技術を持ち、人生に明確な目標を掲げ、それを一歩一歩計画的に達成するようにすれば、愁いなく生活できます。もし頑固な性格を直し、融通を利かせられれば、身分や地位の高い人の協力を得られやすくなり、孤軍奮闘せずに済みます。それによって事業の成功や財政面の豊かさはさらに上がります。

第一二六局【紫微星戌】巳　命宮は巳で天同星

この命局の人は、心が優しく温和で、慈悲深く、寛容です。その一生は、楽しみを多く享受できますが、浮ついた性格で何事も怠慢になりやすい傾向があり、向上心がありません。生活上の楽しみを重視するならば、事業の成功には限りがあります。もしも、人生を花開かせたいなら、享楽への欲求に耐え、刻苦勉励し、強い意思で行動しなければなりません。そうすれば、さらなる富貴を得られるでしょう。

女性の場合、見た目には美しくても、実がない花のように、容姿端麗ですが、意志薄弱なので、金銭がらみの堕落には注意すべきです。さもなければ、将来の福の恵みに影響を与えてしまいます。

第一二七局【紫微星戌】午　命宮は午で武曲・天府星

この命局の人は、金銭感覚が優れ、考え方は保守的です。頑固で気骨があり、かつ人付き合いは少ないので、一生懸命に骨折りしても、それ相応の報酬を受け取ることができません。世の中を円満に渡っていく術を身に付け、また身分や地位の高い貴人を増やせば、苦労は減り、仕事も順調に発展し、富貴を楽しめます。酒色・金銭欲・怒りから遠ざかるようにすると、自分の望みは大きく叶えられるでしょう。結婚生活は、愛情は先に熱く、後になり冷めやすくなるので、名ばかりの夫婦となり、生活も味気なくなります。ですから、晩婚がよく、それで結婚生活は和やかになります。

女性の場合は自我が強く、権力を握るのを好むので、夫婦の年齢差は大きいほうがよいでしょう。

第一二八局【紫微星戌】未　命宮は未で太陽・太陰星

この命局の人は、お天気が変わるように、喜怒哀楽が変化する性格の持ち主で、虚が多く、実は少ない人です。ただし、基本的には太っ腹で、さっぱりしていて、男らしい性格です。もし吉星が会照すれば、商売に従事する者は、資産が拡大し、政治に関わる者は、昇進して地位が高くなります。しかし、性格の欠点が出ると、金銭を消耗し尽くし、事業は失敗し、おそらく富貴は維持できないでしょう。太陽と太陰が命宮にある人は、人格を高め、徳を磨くことを最優先することで、初めて福の恵みは多くなるでしょう。その場限りの感情に左右されて物事を処理するのは良くありません。

第一二九局【紫微星戌】申　命宮は申で貪狼星

この命局の人は、コミュニケーションに長け、多芸多才で好奇心の強い人です。人生は、突然の成功、また予測不能の失敗に遭いやすい運を持っています。事業を成功させるために積極的に動きますが、成功を継続させていく力に欠ける傾向にあるので注意が必要です。もし商売を営むのなら、金銭の回収期限が比較的短い業種や業界にすると良いでしょう。言い換えると、機会を見て投資し、儲かったら潮時を見てさっと引くべきです。また信用商売を過度に拡げると、財運を逃すことになりますから注意しましょう。

この命局の人は、恋愛や結婚にまつわる感情の悩みには注意すべきです。

第一三〇局【紫微星戌】酉　命宮は酉で天機・巨門星

この命局の人は、機転がよく利くので、計略が多くなります。また、どうでもよいことにこだわり、よく争いよく議論します。若い時の運はでこぼこ道と同じで、物事が思い通りに運びません。また、学識が高く博学ですが、それを活かそうとしないため成果は上げられず、何事も竜頭蛇尾になりやすいです。それに加えて、現状の仕事に対する不満が多く、富貴を得ても長く持たせられません。そのため、先祖から受け継いだ不動産を失い、無一文から家を興さなければなりません。

女性は、白昼夢を見るのが好きで現実的ではありません。恋愛面でも挫折しがちで、結婚しても、配偶者のあら捜しばかりをして、愛情を深めることができないでしょう。自制心を持ち、現実を直視して人生に臨めば、福を享受することができます。

第一三一局【紫微星戌】戌　命宮は戌で紫微・天相星

この命局の人は、指導者としての才能がありますが、主観と先入観の強い人です。事業で成果は上がりますが、横暴な上に独善的で、外に表す態度が義理も人情もないと感じさせます。そのために常に人から排除されがちで、持てる力を十分に発揮できず、人生は紆余曲折の連続です。たとえば、お金持ちになれるけれども、それによって横柄になり、威張り散らして、物事を駄目にしてしまったりします。また、健康面では心臓の疾患に注意をしましょう。この命局の人は、感情面での誤解を受けやすいので、自分の感情をもっと表に現したほうがよく、それを怠ると、義理も人情もない人間と思われて、損をするだけです。

女性は、頑固で独りよがりになってしまうと、かえって自分を苦しめることになります。

第一三二局【紫微星戌】亥　命宮は亥宮で天梁星

この命局の人は、人と群れるのを好まない孤高な性格の持ち主ですが、名士の風格があり、利益よりも、名声を得ることが好きです。ただし、意志薄弱なために、骨身を惜しまず刻苦勉励するのは苦手で、快楽を追い求めるのが大好きです。また、人生の目的が見つからず、ひどいときには、働かずにぶらぶらして過ごし、暇を持て余した自堕落な生活を送るようになるので、節度ある行動を取るべきです。そうすれば、外で評判や名声を得られて、事業は苦もなく成功します。商売に従事しても、政治に参与しても願い通りになりますが、その性格のゆえ誘惑も受けやすく、それが元で失敗するので、軽はずみな行動を慎み、自制心を働かせることで、福分が厚くなります。

<table>
<tr><td>天府平
第一三八局
巳</td><td>天同陥
太陰陥
第一三九局
午</td><td>武曲廟
貪狼廟
第一四〇局
未</td><td>太陽閑
巨門廟
第一四一局
申</td></tr>
<tr><td>第一三七局
辰</td><td colspan="2" rowspan="2">紫微星が亥宮にある命宮十二局</td><td>天相陥
第一四二局
酉</td></tr>
<tr><td>廉貞閑
破軍旺
第一三六局
卯</td><td>天機廟
天梁旺
第一四三局
戌</td></tr>
<tr><td>第一三五局
寅</td><td>第一三四局
丑</td><td>第一三三局
子</td><td>紫微旺
七殺平
第一四四局
亥</td></tr>
</table>

紫微星が亥宮にある命宮十二局

第一三三局【紫微星亥】子　命宮は子で主星が無い（対宮の天同・太陰星を借りる）

この命局の人は、感情表現が豊かで、生活には情趣があります。男女共に異性の縁に恵まれ、特に女性は聡明で容姿端麗です。ただし享楽に耽る傾向があり、それに加えて意志が弱いために、感情に左右されやすいでしょう。知恵があるので、交渉や説得の場で、言葉を自在に操れば、財を得ることができます。名声を得た後に、利益を求めようにすると、成果は大きくなります。この命局の人は、あれこれと考えすぎる傾向があり、生涯仕事における浮き沈みは激しいでしょう。そのため、福があってもそれを享受できない恐れもあるので、日々自己を高めることを忘れてはいけません。そうして、初めて福の恵みが多くなります。

第一三四局【紫微星亥】丑　命宮は丑で主星が無い（対宮の武曲・貪狼星を借りる）

この命局の人は、落ち着きがあり、さっぱりした性格で、理想は高く、かつ野心を具えています。また、資産形成に長けており、富と地位を手に入れます。早くから社会に出て自分の力だけを頼りに生きる人生です。そのため利己的なところがあります。逆に、子供の時に豊かさを享受してしまうと、途中で実家の暮し向きが傾く傾向があります。自分の生活は自分で賄う必要に迫られて、四十歳近くになってようやく成果を上げられます。

女性の場合はモチベーションが高く、夫を凌駕するほどの男勝りな性格です。いわゆる女傑になり、自身の事業を興します。また、外面は剛柔を兼ね備えていますが、性格の強さゆえに、プライベートや結婚生活には配慮が必要です。

第一三五局【紫微星亥】寅　命宮は寅で主星が無い（対宮の太陽・巨門星を借りる）

この命局の人は、気さくで、親しみやすい性格ですが、裏では批判や悪口もまた多いです。また、初めはとても熱心で一生懸命ですが、後からだらけて怠惰になり、何事も竜頭蛇尾になりがちで、現状に甘んじやすい性格です。仕事面での苦労は人並みにありますが、財運は良いです。ただし、自分で起業すると、勤めるよりも収入が不安定になるので、頻繁に事業内容を変える必要があります。もし、話をする才能や指導力を発揮できる仕事に従事するなら、頭角を現すでしょう。桃花の星を見なければ、高い業績も上げられます。

女性の場合は、早婚すると、夫婦の間で波風が立ちやすく、愛情が冷めて取り返しのつかない事態になることもあるので、晩婚がよいでしょう。

第一三六局【紫微星亥】卯　命宮は卯で廉貞・破軍星

この命局の人は、一般に、負けず嫌いで競争心の強い性格の持ち主であるため、それが嵩じると、自分の都合と利益にしか関心がない、無慈悲で利己的な人間となります。その多くは裸一貫から家を興し、事業を成功させ、一財産を築きますが、休みなく働く一生となります。この命局の人は、浮き沈みの激しい人生となるので、専門の技術を持っておくと、不遇の時にもそれを活かして、愁いなく生活することができます。禄星が会照すれば、冷酷さが減り、事業は成功し、富貴を得られます。

結婚生活は、表面的には夫婦としての役割はこなしますが、情愛は淡泊で薄くなるので、相手に気を配るのがよいでしょう。

第一三七局【紫微星亥】辰　命宮は辰で主星が無い（対宮の天機・天梁星を借りる）

この命局の人は、機敏な計略に長け、分析能力も高いです。弁舌の才能があり、話す内容にはきちんと中身があり、原則を重んじ何ごとも筋道に沿って処理します。責任感が強く、職務の責任を最後まで全うします。清廉潔白な性格のため、リーダーの補佐役、組織の幹部、秘書などの幕僚の人員にたいへんに適しています。その成果は、他の人から羨ましがられるほど大きなものになりますが、本人は満足できていないだけでなく、全てにおいて悲観的です。それが災いとなって、人生では、衣食に欠くことはないけれども、何らかの事情が発生し、金銭や愛情の悩みを抱えるなど、富貴両全にならないといった特徴があります。

第一三八局【紫微星亥】巳　命宮は巳で天府星

この命局の人は、資産の運用に優れています。慎重で保守的です。性格は温和です。ただし、必要が無いのに、奔走する事が多く、その割に成果は少なく、思い煩い落ち着きません。事業方面は既成の事業を守り、ゆとりがあります。創造する力は明らかに足りず、中身のない理想があっても、むしろ実践の気合いと能力が足りません。だから、公職や教育に従事するのがよいでしょう。そうすれば、順序よく昇級することができ高い地位にまで上がれます。秘書や社長を補佐する幹部を担任するのに適合しています。

結婚後の生活は、ロマンチックな雰囲気にはなりにくいので、愛情を深めたいのであれば、相手に気を使う必要があるでしょう。

第一三九局【紫微星亥】午　命宮は午で天同・太陰星

この命局の人は、感受性が豊かで、生活は情趣に溢れています。しかし、大きな困難に遭うと、気持ちが挫けてしまい、かえって怠惰になり享楽に耽りがちです。もし火星か擎羊が同宮すれば、逆に忍耐強い性格に変わり、艱難辛苦を経た後に事業で頭角を現します。また、競争相手が多いため、財を得るのにかなり苦心します。大企業に身を置くか、あるいはサービス業や代理業に従事すると良いでしょう。男性の場合、桃花の星を見ると、往々にして花多くて実少なし、となります。

女性の場合は、見た目は美しいですが、意志薄弱で感情的になりやすいので、結婚相手の年齢は離れている男性を選ぶと良いでしょう。男性は、自らを律して、結婚生活を送ることで、初めて沢山の福に恵まれます。

第一四〇局【紫微亥】未　命宮は未で武曲・貪狼星

この命局の人は、技術面に優れるので、何らかの専門技術を学習すべきです。理想は高く、しかも野心がありながら、細かいところによく気がつきます。しかし、若い頃に実家の運が傾く現象に遭いやすく、そのために早くに社会を出て、自分の力を頼りに一生懸命働かなければなりません。そのため、多かれ少なかれ自己中心的になりがちです。ただし、身分や地位の高い人の援助があれば、一通りの奮闘を経た後に、裸一貫から財産を築き、事業は成功します。また企業の管理職も担えますが、40歳近くになって、ようやく成果を得ることになるでしょう。

女性の場合は、自主性が強く、剛柔併せ持つので、自身の事業と家の両方に配慮できるとともに、夫を御する術を持っています。

第一四一局【紫微星戌】申　命宮は申で太陽・巨門星

この命局の人は、人付き合いが良く、気さくな性格の持ち主です。欠点は、現状に甘んじやすく、陰口が多いことです。勤勉なのは最初だけで、後には怠惰になり、何をしても、いつも尻切れトンボに終わってしまいます。そのため、だらしがない人というイメージを人に与えます。その反面、「先に名を馳せ、その後に美食にありつく」と言う言葉もあるように、ご馳走にありつく運を持っています。事業面では、指導する能力を備え、説得力があり、競争に強いです。弁才を発揮できる仕事に従事すれば財運を招きます。ただし言葉の行き違いからのトラブルには注意しましょう。

女性の場合は、仕事を持つのに適します。結婚は晩婚が良く、早婚すると愛情関係のもつれが起きます。

第一四二局【紫微星亥】酉　命宮は酉で天相星

この命局の人は、する事に虚偽が無く、心は善良で、言動が慎み深く、有言実行の人です。また、人の災難を見ると惻隠の心を持ち、人の悪行を見ておさまりのつかない怒りを抱きます。ただし、保守的で、慎重になりすぎて、何事にも臆病すぎるきらいがあります。交際が上手で、人と人を調和させるのに長けているだけでなく、仕事の処理能力が高いので、組織の幹部になるのが適します。ただし、最高の地位には、ストレスが大きくかえって挫折しやすいので就かないのが良いでしょう。また、急いては事をし損じるではありませんが、事を成すのを急ぐと、衆人を心服させにくいでしょう。短気を起こさなければ、事業は成功し財源は拡がります。

第一四三局【紫微星亥】戌　命宮は戌で天機・天梁星

この命局の人は、理にかなった行動を機敏にとり、知恵に富み、戦略家で能弁家です。ただし、口先だけで行動が伴わない傾向が多く、往々にして、富貴の両方を一緒に得られないといった特性があります。あるいは、お金持ちになっても、それを長持ちさせられません。食べることには困らなくても、金銭と人間関係に悩み、たとえ晩年の境遇が裕福でも孤独になりがちです。競争能力は高いので、弁才を発揮できる仕事など、専門技術を学んで一芸に秀でるのがよいでしょう。

女性の場合は、非常に働き者で休むことなく一生懸命に働きます。また、権力を握るのが好きで、かつ不平不満を言います。

第一四四局【紫微星亥】亥　命宮は亥で紫微・七殺星

この命局の人は、仕事の能力が高く、やり方には威厳があり、その上妥協せず、何でも一人でこなすことができます。公職に従事すると無難です。度が過ぎると、自分の目標を達成するために利己的になりますが、基本的には行動は穏健で、周密な考え方をする人です。ただし、怒りっぽくて、事の処理を円滑に運べないため人望がありません。そして、財産を得ても一過性に終わってしまい、一生休みなく働き続けることになります。自分本位ではなく、周りに目を配り、融通を利かせるようにするべきです。

女性の場合は、家庭と仕事を両立しますが、頑固で独善的な面があります。自分で仕事を始めると感情的な摩擦が減ります。結婚は自分の願望ばかり考えるのではなく、相手のことも慮る必要があります。さもなければ、孤独な一生になりかねません。

第4章

命宮と身宮の見方

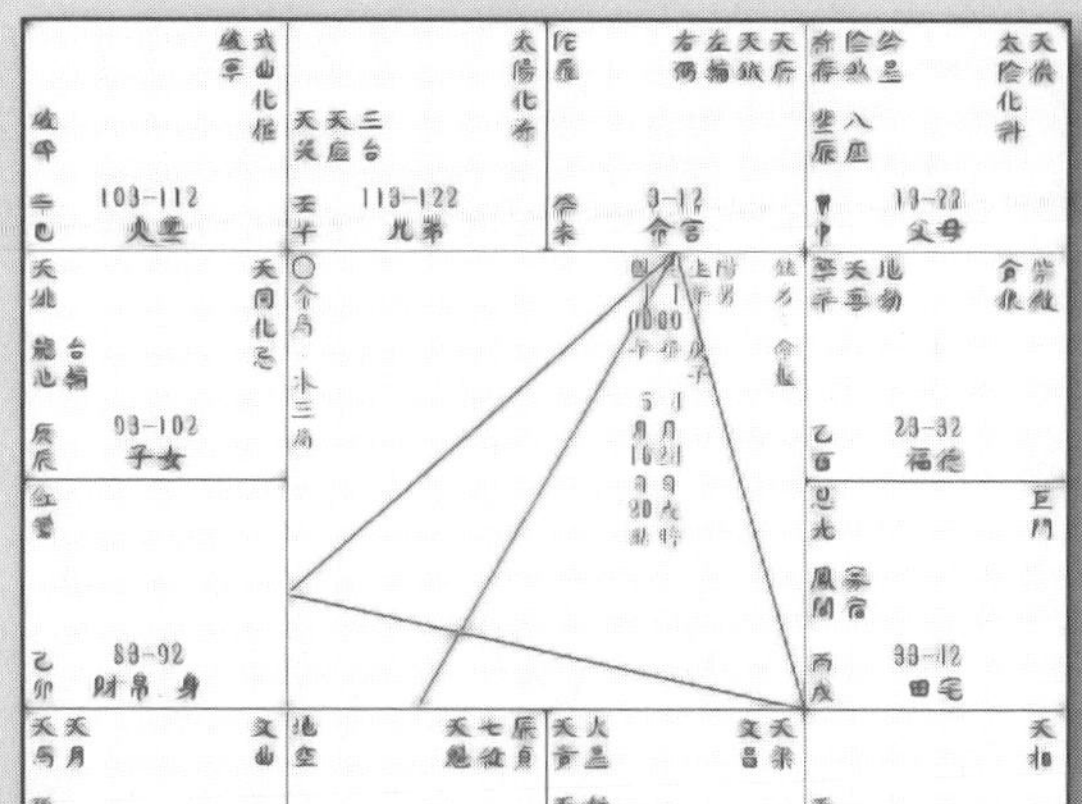

1 移宮過星ー命宮の本質的な変化

移宮過星《いきゅうかせい》とは、宮の位置が移り、星は通りすぎていくという意味です。流年や大限は、十二の宮を巡ります。順番に巡っていく様子は、まるで天上の星が移動しているようであるため、この名が付けられました。

紫微斗数の命宮は、天盤（本来の命盤）の命宮、十年の大限の命宮、および流年・流月・流日・流時の命宮があります。

命盤は回転させることのできる円盤に似ています。運が巡るとき、命宮は一つの宮から他の宮へと、宮の位置が変わっていきますが、命宮の本質自体は終始変化しません。流年の行運も、ただ命宮を巡らせていくだけです。つまり、元々の星曜の特性と長所と短所が、強められるか弱められるかだけなのです。

ところが、これらの変化は、やはり行動パターンに影響を与えます。吉凶禍福が存在する場所も移り変わっていきます。それゆえ、行運の影響もきちんと見なければなりません。

紫微星がある宮で、紫微星以外の十三個の主星の配置は決まります。つまり、紫微星がある十二宮に対応した十二種の基本の命盤があります。

命宮のある宮が異なることから、12×12＝144種の組み合わせがあります。そして、これらはお互いに全部対照的であることから、七十二種の組み合わせになることがわかります。その中で、命宮にある主星の組み合わせに従うと、六十種の星系になります。つまり、六十種の異なる組み合わせだけということになります。

このように、主星の組み合わせによる分類は、一見複雑ですが、もし、会照に依拠して分けるなら、より簡略に二つに大別できます。

三方四正に、殺破狼《さつはろう》（七殺・破軍・貪狼）、あるいは機月同梁《きげつどうりょう》（天機・太陰・天同・天梁）がある二種のタイプです。

流年の行運は、一年は殺破狼を巡り、次の一年は機月同梁を巡ります。

2 命宮と身宮の関係

命盤を見るときに、大多数の人は命宮を重視して、身宮をさほど重視しない傾向があります。もしくは、命宮を先天性と捉え、生れつき具わった命格とし、そして身宮を後天性と捉え、人々の後天的な努力とその表れであるとしています。

ここで初学者が間違いやすいのは、命宮と身宮を分けて考えることです。あるいは、宿命と格局を見るときに、身宮を軽視してしまうことです。正確には、当然ながら命宮を表として、身宮を裏として見るべきです。表と裏は相互に作用し、双方がお互いに影響し合います。

人の一生とは、個性、命格の高低、行動パターンのようなものです。往々にして、命宮と身宮とを総合的に具現化したものだと言えます。

身宮は、命宮、夫妻宮、財帛宮、事業宮、福徳宮、遷移宮の中の一宮だけに出現します。これらの宮は、すべて人生の重要な宮位です。したがって、身宮の良し悪しは、命格の高低ととても関係があります。もし個性について言えば、子刻・午刻に出生した人は、命宮と身宮が同宮し、星曜の表現も比較的はっきりしています。その他の時刻に出生した人は、命宮と身宮が異なります。そのため、一個人の性格が、内向的あるいは外向的なのかについて、明確に指摘するのはとても難しいです。

また一般に、人の性格は変化するともよく言います。なぜなら、これは命宮と身宮の二宮が、常にお互いに影響を及ぼし合っていて、人から見ると捉えどころがなく推測しがたくしているからです。ですから、命宮と身宮を混ぜ合わせて見る必要があり、そうすることで、やっとポイントを簡単に把握できるようになります。

言い換えれば、命宮・身宮の二宮は、刻々と、いつも人の運命に影響を与えているのです。

さて、命宮と身宮については、数え年の三十五歳を基準点とします。

数え年の三十五歳を過ぎた後は、身宮の特質がゆっくりとではありますが、確実に台頭してきます。ただし、命宮の本質がなくなるわけではありません。

数え年の三十五歳以前は、命宮と身宮が命主の性格に影響を与える割合は６：４。数え年の三十五歳以降は、命宮と身宮の割合は４：６となります。

図４－１を見ると、身宮は命宮から見て一、三、五、七、九番目の宮に必ずあります。これらは、夫妻宮、

図4−1　命宮は子宮で紫微星がある。身宮には6種の組み合わせがある

太陰陥 巳	貪狼旺 身宮 午　（遷移）	天同陥 巨門陥 未	武曲平 天相廟 身宮 申　（財帛）
廉貞旺 天府廟 身宮 辰　（事業）			太陽閑 天梁地 酉
卯			七殺廟 身宮 戌　（夫妻）
破軍陥 身宮 寅　（福徳）	丑	紫微平 命宮 子（命・身同宮）	天機平 亥

財帛宮、遷移宮、事業宮、福徳宮に当たります。身宮は、命宮から見て偶数の宮には存在しません。

次に、紫微星が子宮にあり、命宮も子宮にある人について論じてみます。図4－2を見てください。

この人は、主観と決断力が強く、指導力と組織力があります。また、命宮・身宮が同宮する場は、これらの特質が増強されます。

もし、身宮が違う宮であるなら、命宮の紫微と身宮の星曜は異なるので、違う組み合わせとなり、性格も同じではありません。

●**身宮が、夫妻宮にある人**は、一生涯、パートナーとの愛情を重んじます。そして、夫妻宮が七殺の人は、七殺の特質である独力奮闘を経て、艱難辛苦を経験し尽くし、その後に成功します。

七殺は、紫微から節制を受けます。そのため、命宮が紫微・七殺の人のように、一人である方面

図4–2　紫微星が子宮にある命盤。命宮が十二宮にある時の特質

巳　太陰　自分への要求が割に高い。冷静沈着で自制的。個性を剥き出しにしない。	午　貪狼　欲望が比較的強い。多芸多才。ギャンブル性が強い。	未　天同　巨門　感情面に一生克服が難しい致命的な弱点がある。天機・天梁が会照。	申　武曲　天相　物事の処理が細心で慎重。外柔内剛。
辰　廉貞　天府　黙々と働く。順序に従って徐々に進む。無口なタイプ。			酉　太陽　天梁　率直な個性。竜頭蛇尾になりやすい。女性は感情の処理が苦手。天同・太陰が会照。
卯　率直。何ごとも竜頭蛇尾になりやすい。女性は感情の処理が下手で婚姻に影響を与える。天機・巨門が会照。			戌　七殺　独力で奮闘する。艱難辛苦を経験した後に成功する。
寅　破軍　することは積極的。迫力がある。女性は単独行動を好む、躁鬱症になりやすい。	丑　胸の内に感情の苦しみがあっても、口に出して言えない。日月が会照。	子　紫微　主観が強い。決断力がある。指導力・組織力がある。	亥　天機　自分への要求が高い。個性を剥き出しにしない。思慮深い。感情の悩みが多い。

を担当することができて、責任感が強く、剛柔を併せ持つという、とても多く似通ったところを有します。

●**身宮が、財帛宮にある人**は、財帛宮が武曲・天相であることから、その特質は、物事の処し方が慎重、外柔内剛となります。

　もう一つの組み合わせは、紫微・天相に分類することです。これは、偏見が深く、情があるように見えて情が無い、という星系です。

●**身宮が、遷移宮にある人**は、これは貪狼です。自分自身は欲望が大きく、多芸多才、ギャンブルの性質がかなり強いです。

　紫微の節制を受け、また紫微も貪狼の影響を受けます。物事の処し方に、さらに柔軟性が加わります。これは紫微・貪狼の人に類似します。事業は成功し、その成功の度合いは非凡です。

●**身宮が、事業宮にある人**は、廉貞・天府です。

図4–3　紫微星が辰宮にある命盤。命宮が十二宮にある時の特質

巳 天梁 孤高。群れず。出生地を離れると発展する。	午 七殺 独立心が強い。潔い。文武両道。艱難辛苦を経てから成功する。	未 生まれつき敏感。気分の変化が多い。情を重んじる。 天同・巨門が会照。	申 廉貞 多芸多才。人付き合いがよい。外柔内剛。
辰 紫微 天相 主観的。先入観が深い。情があるように見えて情が無い。			酉 計画や謀略は変化が多い。竜頭蛇尾になりやすい。 太陽・天梁が会照。
卯 天機 巨門 機知があり聡明。計画や謀略はよく変わる。 天同・太陰が会照。			戌 破軍 せっかちな性格。大将の風格がある。
寅 貪狼 話が上手である。多芸多才。	丑 太陽 太陰 生まれつき敏感。気分の変化が多い。話が上手。 天機・天梁が会照。	子 武曲 天府 保守的。頑固。有言実行、信用を重んじる。	亥 天同 性格は温和。慈しみの心があり親切である。

廉貞・天府の本質は、黙々と耕すように働き、順序に従って徐々に進みます。

性格は、紫微・天府にとても類似した部分があり、理想と現実との矛盾が増えます。

●**身宮が、福徳宮にある人**は、破軍です。

やることは積極的、かつ迫力があります。単独行動を好みます。性格は、紫微・破軍と違うところはありません。紫微が単独で坐すのに加えて、事を進める気迫が強くなります。

3 身宮が異なれば、性格は変わる

宮が同じであっても、身宮が異なる宮にあれば、それに伴い、性格は変化します。

ここでは、紫微星が辰宮。命宮が子宮の武曲・天府の人の例をあげます
図4－3を見てください（151ページ）。

一般に、武曲・天府の性格は、保守・慎重・信用を重んじます。

ところが、身宮が異なることが理由で、それぞれの命主は異なる性格と容貌を外に呈するようになります。

次のページから、命宮が同じで、身宮が異なる命盤の例としてA～Fを載せます。

図4–4　例Aの命盤

天梁 天貴 天馬 天虚 癸巳 75-84 交友	七殺 天魁 陰煞 台輔 甲午 65-74 遷移	天刑 天哭 乙未 55-64 疾厄	廉貞 陀羅 丙申 45-54 財帛
紫微 天相 文曲化科 紅鸞 三台 壬辰 85-94 事業	例A 陰男 生年：辛亥 西暦1971年旧暦11月15日子刻 西暦1972年新暦1月1日23時 命局：土五局		火星 禄存 破砕 丁酉 35-44 子女
天機 巨門化禄 龍池 辛卯 95-104 田宅			破軍 文昌化忌 鈴星 天月 天喜 擎羊 八座 寡宿 戊戌 25-34 夫妻
貪狼 天鉞 左輔 封誥 天巫 孤辰 庚寅 105-114 福徳	太陽化権 太陰 蜚廉 辛丑 115-124 父母	武曲 天府 右弼 庚子 5-14 命宮・身宮	天同 地空 地劫 恩光 天姚 鳳閣 己亥 15-24 兄弟

【例A】

命宮・身宮は、いずれも、武曲・天府です。

性格は、保守的です。注意深く慎重で、典型的な武曲・天府の星曜の性格がはっきりと顕れます。

実績は当然のことながら高いです。

図4–5　例Bの命盤

天梁 文昌 紅鸞 禄存 54-63 交友 丁巳	七殺 地空 火星 擎羊 64-73 遷移 戊午	天鉞 左輔 右弼化科 封誥 寡宿 74-83 疾厄 己未	廉貞 鈴星 陰煞 天馬 天哭 84-93 財帛 庚申
紫微 天相 地劫 天貴 天姚 陀羅 天虚 44-53 事業 丙辰	例B 陽男 生年：戊戌 西暦1958年旧暦4月21日巳刻 西暦1958年新暦6月8日10時 命局：金四局		文曲 94-103 子女 辛酉
天機化忌 巨門 三台 34-43 田宅 乙卯			破軍 104-113 夫妻・身宮 壬戌
貪狼化禄 天月 龍池 24-33 福徳 甲寅	太陽 太陰化権 天魁 破砕 14-23 父母 乙丑	武曲 天府 恩光 天刑 蜚廉 鳳閣 4-13 命宮 甲子	天同 天喜 台輔 八座 天巫 孤辰 114-123 兄弟 癸亥

【例B】

身宮は、夫妻宮の破軍です。

夫妻宮の影響を受けるため、愛情と家庭の責任をさらに重んじます。

破軍のせっかちな性格の影響を受けます。性格は武曲・破軍のような特質を具え、短気でとても真っ直ぐなのが明らかです。

すこぶる大将の風格があります。

図4–6　例Cの命盤

<table>
<tr><td>天梁
破砕
癸巳
75-84
交友</td><td>七殺
天魁
左輔
文昌化忌
封誥
紅鸞 八座
甲午
65-74
遷移</td><td>地空
火星
恩光 寡宿
乙未
55-64
疾厄</td><td>廉貞
右弼
文曲化科
陀羅 三台
丙申
45-54
財帛・身宮</td></tr>
<tr><td>紫微
天相
天月
壬辰
85-94
事業</td><td colspan="2" rowspan="2">例C
陰男
生年：辛酉
西暦1981年旧暦3月27日辰刻
西暦1981年新暦5月1日8時
命局：土五局</td><td>天貴
禄存 天哭
丁酉
35-44
子女</td></tr>
<tr><td>天機
巨門化禄
地劫
天姚 天虚
辛卯
95-104
田宅</td><td>破軍
陰煞
擎羊 台輔
戊戌
25-34
夫妻</td></tr>
<tr><td>貪狼
天鉞
鈴星 天巫
庚寅
105-114
福徳</td><td>太陽化権
太陰
鳳閣
龍池
辛丑
115-124
父母</td><td>武曲
天府
天喜
庚子
5-14
命宮</td><td>天同
天刑
蜚廉
天馬 孤辰
己亥
15-24
兄弟</td></tr>
</table>

【例C】

身宮は、財帛宮の廉貞です。

申宮の廉貞は、多芸多才です。人付き合いがよく、個性は外柔内剛タイプに属します。

ただし、廉貞と天府が合成した後は、むしろ、黙々と田を耕すように働き、努力するように変わります。口よりも先に行動を重んじる、無口な性格になります。

もともと武曲・天府は、どちらかというと思い悩むことの多い性格ですが、廉貞の性格が加わった後は、さらに保守的になります。

図4–7　例Dの命盤

天梁 左輔 火星 天貴 恩光 天月 禄存 封誥 54-63 交友 丁巳	七殺 擎羊 64-73 遷移・身宮 戊午	天鉞 文昌 文曲 紅鸞 寡宿 74-83 疾厄 己未	廉貞 地空 天巫 84-93 財帛 庚申
紫微 天相 陀羅 三台 蜚廉 44-53 事業 丙辰	例D 陽男 生年：戊申 西暦1968年旧暦2月12日卯刻 西暦1968年新暦3月10日6時 命局：金四局		右弼化科 台輔 破砕 94-103 子女 辛酉
天機化忌 巨門 34-43 田宅 乙卯			破軍 八座 天刑 天哭 104-113 夫妻 壬戌
貪狼化禄 地劫 天姚 鳳閣 天馬 天虚 24-33 福徳 甲寅	太陽 太陰化権 天魁 鈴星 天喜 14-23 父母 乙丑	武曲 天府 陰煞 龍池 4-13 命宮 甲子	天同 孤辰 114-123 兄弟 癸亥

【例D】

身宮は、遷移宮の七殺です。

したがって、この命の主は、本来の武曲・天府の性格のほかに、武曲・七殺の特徴が融合します。

武曲・七殺の性格を簡単に述べると、目先の利を追います。さらに分析を進めると、実は、ある物事に遭遇した際、先に自分に利があるかどうかを考えてから、次の一手をどう打つべきか判断する着実な実務家であることがわかります。

また、身宮が夫妻宮で、破軍であった場合と、武曲・七殺の場合を比べてみると、七殺と破軍はどちらも武将の星なのですが、七殺は計略を巡らした後に動きます。破軍は、むしろ衝動的に行動します。

それゆえ、身宮が七殺の人と、身宮が破軍の人は、対外的な個性の特徴は、武曲・七殺と、武曲・破軍の組み合わせになります。

例Bと例Dのように、身宮が異なると、同じ武将の星でも対外的な性格は同じではありません。

図4-8　例Eの命盤

天梁 禄存　八座　破砕 54-63 交友 丁巳	七殺 擎羊 64-73 遷移 戊午	天鉞 地劫　天姚 74-83 疾厄 己未	廉貞 天馬　孤辰 84-93 財帛 庚申
紫微　天相　右弼化科 寡宿　陀羅　鳳閣 44-53 事業・身宮 丙辰	例E 陽男 生年：戊午 西暦1978年旧暦7月12日申刻 西暦1978年新暦8月15日16時 命局：金四局		火星　紅鸞 三台 94-103 子女 辛酉
天機化忌　巨門 地空　天喜 天刑 34-43 田宅 乙卯			破軍　左輔 天貴　封誥　龍池 104-113 夫妻 壬戌
貪狼化禄　文昌 陰煞　台輔　天巫　蜚廉 24-33 福徳 甲寅	太陽　太陰化権　天魁 14-23 父母 乙丑	武曲　天府　文曲 恩光　天虚　天哭 4-13 命宮 甲子	天同 鈴星　天月 114-123 兄弟 癸亥

【例E】

身宮は、事業宮の紫微・天相です。

命宮の武曲・天府との組み合わせで、紫微・天府、武曲・天相を合成します。

辰宮の紫微・天相の特質は、情があるように見えるけれども情が無い。つまり、実務や理智が感情よりも勝る人であると言えます。だから、見た目は情が無いように人に感じさせます。

武曲・天相の特質は、物事の処理は慎重であり、外柔内剛です。それゆえ、武曲・天府、紫微・天相、武曲・天相の三者の特質を採み合わせた後に、身宮は紫微・天相であると、私達は言うことができます。

おそらく、保守的で慎重な性格であり、しかも感情の制御に優れており、軽々しく自分の感情を表には出さない人です。

図4–9　例Fの命盤

天梁 文曲 天馬 陀羅 乙巳 73-82 交友	七殺 禄存 丙午 63-72 遷移	擎羊 台輔 丁未 53-62 疾厄	廉貞 紅鸞 天刑 孤辰 戊申 43-52 財帛
紫微 天相 恩光 陰煞 寡宿 甲辰 83-92 事業	例F 陰男 生年：丁未 西暦1967年旧暦12月9日丑刻 西暦1968年新暦1月8日2時 命局：木三局		天鉞 文昌 己酉 33-42 子女
天機化科 巨門化忌 左輔 封誥 八座 蜚廉 鳳閣 癸卯 93-102 田宅			破軍 地空 火星 庚戌 23-32 夫妻
貪狼 天月 天喜 壬寅 103-112 福徳・身宮	太陽 太陰化禄 破砕 天虚 癸丑 113-122 父母	武曲 天府 地劫 天貴 天姚 壬子 3-12 命宮	天同化権 天魁 右弼 三台 天巫 龍池 天哭 鈴星 辛亥 13-22 兄弟

【例F】

身宮は、福徳宮の貪狼です。

寅宮の貪狼の特徴は、言葉が巧みで話がうまく、また多芸多才です。

命宮の武曲・天府にとっては、身宮が貪狼の場合、元々保守的で慎重な性格が、貪狼の影響を受けて変化し、多様化します。

元来の強直だと人に感じさせる性格ではなくなり、柔和な人に変わります。変化の余地は大きく、年をとればとるほど、遊びを愛好するようになります。

4 命宮にある主星と会照との関係

同じ命盤であり、命宮の位置が類似していても、命宮にある主星と会照する星によって性格・才能・人生の傾向性には違いが出てきます。

紫微が子宮にある命盤、図4－2（150ページ）を見てみましょう。

命宮が巳宮の太陰と、命宮が亥宮の天機とは、同じように天機・太陰の特質が表れます。自分への要求は比較的高く、個性を剥き出しにししません。

しかし、巳宮の太陰は、旺宮に存在しないため、自制心がやや不足します。

一方、亥宮の天機は、思慮深く、感情面の悩みが多くなります。

次は、紫微・天相が辰宮にある命盤、図4－3（151ページ）を見てみましょう。

命宮が丑宮の太陽・太陰と、命宮が未宮の太陽・太陰とは、同じ日月（太陽太陰）の特質が表れます。つまり、気分の変化が多くなります。

命宮が丑宮の場合、天機・天梁と会照します。そのため、気分の変化が多く、生まれつき敏感で、口が達者です。

命宮が未宮の場合、天同・巨門と会照します。そのため、気分の変化が多く、生まれつき敏感で、感情面の悩みが多くなります。

会照する星によって、このような違いが出てきます。

5 命宮に主星が無い場合、会照との関係

紫微星が子宮にある命盤、図4－2（150ページ）を見てください。

ここでは、命宮が丑宮と未宮の人を例に挙げます。

命宮が丑宮の人は、主星がありません。対宮の天同・巨門を借りて主星とします。

一方、命宮が未宮の人は、主星が天同・巨門です。したがって、両者の命宮は、共に天同・巨門のパターンに属します。

命宮が丑宮の場合は、太陽と太陰が会照します。そのため、生来敏感で、気分の変化が多くなります。

命宮が未宮の場合は、天機と天梁が会照します。そのため、計画は変化が多く、弁舌の才があります。


次に、命宮が卯宮と酉宮の人を例に挙げます。

命宮が卯宮の人は、主星がありません。対宮の太陽・天梁を借りて主星とします。命宮が酉宮の人は、主星が太陽・天梁です。

両者の命宮は共に太陽・天梁のパターンに属します。そのため、これらの人は、ストレートな性格です。

命宮が卯宮の場合は、天機・巨門と会照します。そのため、万事、竜頭蛇尾になりやすいです。

命宮が酉宮の場合は、天同・太陰と会照します。そのため、特に女性は感情面の処理が下手です。

6 命宮が「羊陀夾忌」の二例

ここで、紫微が丑宮・未宮にあり、命宮が同じ巳宮の二つのケースを例に挙げます。図４－10の例Gと図４－11の例Hの命盤を見てください。

例Gと例Hの年令の差は10歳あります。出生年の天干は同じ丙です。同じ「羊陀夾忌」の格局がある命盤ですが、運命は大きく異なります。

【例G】

命宮は巳宮です。主星は廉貞・貪狼です。

破軍と七殺が会照しています。

【例H】

命宮は巳宮です。主星がありません。

対宮の廉貞・貪狼を借ります。天相と天府が会照しています。

例Gと例Hは、天盤の命宮は共に巳宮で、いずれも廉貞・貪狼タイプです。しかも禄存星と化忌星が同宮し、「羊陀夾忌」の格局に属します。

しかし、運が巡っていく時は、同じにはなりません。

図4–10　例Gの命盤（紫微星が丑宮。命宮は巳宮で主星は廉貞・貪狼）

廉貞化忌 貪狼 禄存 破砕 2-11 命宮 癸巳	巨門 擎羊 12-21 父母 甲午	天相 地劫 22-31 福徳 乙未	天同化禄 天梁 天刑 天馬 孤辰 32-41 田宅 丙申
太陰 陰煞 寡宿 陀羅 鳳閣 112-121 兄弟 壬辰	例G 陽男 生年：丙午 西暦1966年旧暦12月1日申刻 西暦1967年新暦1月11日16時 命局：水二局		武曲 七殺 天鉞 火星 紅鸞 42-51 事業・身宮 丁酉
天府 左輔 地空 天喜 三台 102-111 夫妻 辛卯			太陽 封誥 龍池 52-61 交友 戊戌
文曲化科 台輔 天月 蜚廉 92-101 子女 庚寅	紫微 破軍 恩光 82-91 財帛 辛丑	天機化権 文曲 天虚 天姚 天哭 72-81 疾厄 庚子	天魁 右弼 鈴星 八座 天貴 天巫 62-71 遷移 己亥

なぜなら、大限天干の違いがあるからです。加えて、それ以外の星曜の組み合わせが同じではないため、運勢上で表れ方に違いが出てきます。

西暦１９９４年（甲戌年）を見てみましょう。

・例Gは、第三の大限、乙未を巡ります。大限の天干は乙です。

１９９４年の流年の天干は甲です。それゆえ、流年命宮は戌宮にあり太陽化忌、対宮の遷移宮が太陰化忌となります。

・例Hは、第二の大限、甲午を巡ります。大限の天干は甲です。

１９９４年の流年の天干は甲です。遷移宮の太陽は双化忌に変成し、外出時に意外な出来事や事故に遭いやすくなります。

太陽に双化忌の力量は、太陽化忌と太陰化忌の力量と比べて強大です。

・例Gは、１９９４年（甲戌年）は、諸事不順

図4–11　例Hの命盤（紫微星が未宮。命宮は巳宮で主星が無い。対宮の廉貞・貪狼を借りる）

右弼 天貴 天喜 禄存 八座 孤辰 癸巳 2-11 命宮	天機化権 文曲 天姚 擎羊 蜚廉 鳳閣 甲午 12-21 父母	紫微 破軍 恩光 乙未 22-31 福徳	文昌化科 台輔 天巫 龍池 丙申 32-41 田宅
太陽 火星 陰煞 陀羅 封誥 壬辰 112-121 兄弟	例H 陽男 生年：丙辰 西暦１９７６年旧暦６月13日寅刻 西暦１９７６年新暦７月９日４時 命局：水二局		天府 天鉞 左輔 地空 三台 丁酉 42-51 事業・身宮
武曲 七殺 天月 辛卯 102-111 夫妻			太陰 天虚 戊戌 52-61 交友
天同化禄 天梁 天馬 天刑 天哭 庚寅 92-101 子女	天相 地劫 破砕 寡宿 辛丑 82-91 財帛	巨門 鈴星 庚子 72-81 疾厄	廉貞化忌 貪狼 天魁 紅鸞 己亥 62-71 遷移

であったけれども、平安無事でした。

・例Hは、１９９４年（甲戌年）は大変に悪い年で、不慮の事故でこの世を去りました。

例Hの流年は、遷移宮に双化忌、火星、陀羅と良くない組み合わせができます。したがって、この年は厄運が降臨する時です。災厄への抵抗力は、例Gと比較すると弱く、そのため不幸な事件が発生するという結果になりました。

この種の命盤は、「羊陀夾忌」が原因で、とても大きな欠陥の宮ができます。流年が巳宮・亥宮を巡る運の時は、問題が起こる確率が高く、高危険グループに属します。注意する必要があります。

7 流年借星の例

流年借星《しゃくせい》で格局が形成される実例があります。図4－12、例Iの命盤を見てください。２０１６年丙申の流年です。流年命宮は申宮です。

未宮と酉宮の二宮は、主星がありません。そのため、借星の陀羅が未宮に、借星の擎羊が酉宮に分かれて入ります。

丙年の天干は、廉貞に化忌が付きます。そのため、申宮に禄存はないけれども、２０１６年は、「羊陀夾忌」の悪い格局を形成します。注意が必要です。

8 命宮と大限の関係

命宮・身宮には、星系の組み合わせによる意味があります。

大限が巡る運も同様です。

大限が巡る十二宮であれば、どれも巡り合う可能性があります。ただし注意したいのは、命宮の三方四正が「格局の高低の鍵」ということです。

したがって、大限や流年の行運を見る際には、本来、命宮が持つ本質を必ず参考にしなければなりません。

図4–12　例Iの命盤

天梁 文曲 破砕 己巳 56-65 疾厄	七殺 三台 天刑 天虚 天哭 天月 庚午 46-55 財帛	天鉞 台輔 辛未 36-45 子女	廉貞化禄 八座 天巫 蜚廉 陰煞 壬申 26-35 夫妻
紫微 天相 龍池 戊辰 66-75 遷移	命局：火六局	例I 陽女 生年：甲子 西暦1984年旧暦10月18日丑刻 西暦1984年新暦11月10日2時	文昌 天貴 天喜 癸酉 16-25 兄弟
天機 巨門 火星 紅鸞 擎羊 封誥 丁卯 76-85 交友			破軍化権 寡宿 地空 鳳閣 天姚 甲戌 6-15 命宮
貪狼 天馬 禄存 孤辰 丙寅 86-95 事業	太陽化忌 太陰 天魁 左輔 右弼 恩光 陀羅 丁丑 96-105 田宅	武曲化科 天府 地劫 丙子 106-115 福徳・身宮	天同 鈴星 乙亥 116-125 父母

命宮が紫微の命盤を例に挙げます。149ページの図4-1を見てください。

仮に、大限が順行（陽男・陰女）であるとします。

もし、第三番目の大限、破軍の宮を巡っているなら、紫微・破軍の特質を持つようになります。また、第五番目の大限、廉貞・天府の宮を巡っているなら、紫微・天府の特質を持つようになります。

一四四局の紫微・天府の性質を参考にすれば、「一つの山に二匹の虎は容れ難し」、つまり、これは、人生に矛盾が満ち溢れることを表しています。それゆえ、この大限では、「進退の拠り所を失う」といった矛盾した心理状態になります。

第二番目の大限、丑宮を巡る時は、本質と同じではない星系です。この場合、あくまでも主星の特性を主とします。

この宮自体に主星が無いため、対宮の天同・巨門を借ります。天同は主に感情の星。巨門は暗曜です。だから、これは感情の暗い面や感情の苦しみを口に出して言えない時です。愛情面においても挫折しやすいでしょう。

もし、命宮が廉貞・天府の人であれば、順行・逆行を問わず、第四番目の大限に到れば天同・巨門が主星となります。感情面で問題が起きやすい時期と言えます。

以上の考察については、単純に星系で論じています。

四化星については、次章で解説します。

紫微斗数の四化星は、十個の天干に依拠します。

ある天干の四化星は、殺破狼（七殺・破軍・貪狼）の組み合わせにとって有利ですし、また、ある天干の四化星は、機月同梁（天機・太陰・天同・天梁）の組み合わせにとって有利です。

第5章

四化星の見方

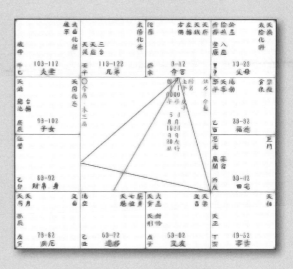

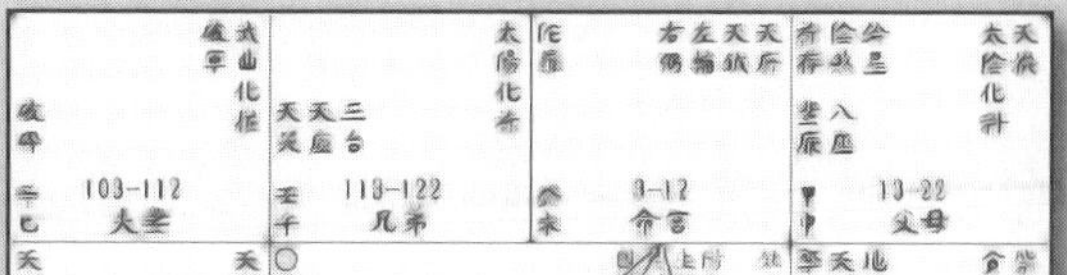

1 星曜融合と四化星

太陰陥 巳	貪狼旺 午	天同陥 巨門陥 未	武曲平 天相廟 申
廉貞旺 天府廟 辰			太陽閑 天梁地 酉
卯			七殺廟 戌
破軍陥 寅	丑	紫微平 子	天機平 亥

星曜融合には、命宮と身宮の融合だけでなく、命宮、大限、流年星曜の融合もあります。

ここで１４９ページにある命盤を再び、例にとって説明します。

命宮が紫微の人が、破軍の大限を行くときは、紫微・破軍の性質を帯びます。つまり、命宮の紫微星が来て破軍を抑制します。

命宮が廉貞・天府の人が、破軍の大限を行く時は、廉貞・破軍の性質を帯びます。廉貞・破軍は目的に到達するためには手段を選びません。

もし、自分自身が武曲・天相で、破軍の大限を行くときは、武曲・破軍の特質を帯びます。この十年、性格はとてもせっかちになり、時によってはなぜ忙しいかわからないといった感じになります。

これは人の考え方が、なぜ複雑に多く変化するかの解釈にもなります。

たとえば、寅宮の破軍の大限を巡るとき、「破軍を巡れば必ず変化がある」とは言えません。

なぜなら、命宮は十二宮あるうちの一つの宮であるゆえに、人の本質はそれぞれ異なり、当然ながら、行運の結果もまた違ったものになるからです。それぞれの命盤は、命宮が異なる星系であることから、破軍との融合は決して同じ結果をもたらしません。


大限、および流年の行運は、広義に言えば、たとえば命宮が、「殺破狼」の星系ならば、命宮から見て一・三・五・七・九番目の宮を巡る時は、主星は充分に融合できます。星性（星系の性質）が一致すれば、吉に逢えばさらに吉となり、凶に逢えば凶の性質もまた下がります。

大限が、命宮から見て二・四・六・八・十番目の偶数の宮を行けば、基本的にこれは「機月同梁」の星系に属します。そのため、「殺破狼」は、しかたなく私達が言うところの星系の融合に到達します。これらの偶数の宮を行く時、四化星は特に重要です。その吉凶は、主星の特質と四化星で論理的に判断していきます。

簡単に言えば、命宮が「殺破狼」の人は、大限および流年が巡る運が「殺破狼」のとき、星性は非常に重要となります。

もし、巡る運が「機月同梁」ならば、四化星の力量は増強します。したがって、四化星を特別に重視しなくてはいけません。

たとえば、命宮が廉貞・天府の人が、第四番目の大限にいるとします。これは天同・巨門の大運を巡っており、順行・逆行にかかわらず、感情的な悩みが発生します。

このように、星系による判断は、さらに有意義にします。

図5–1　第二大限、命宮の本質を修正

太陽 禄存 紅鸞 12-21 巳　父母	破軍 擎羊 地劫 天刑 22-31 午　福徳	天機 寡宿 32-41 未　田宅	紫微 天府 火星 天馬 天哭 42-51 申　事業
武曲 陀羅 地空 天虚 2-11 辰　命宮	第二大限には吉星が集聚。命宮の本質を修正する機会。		太陰 天鉞 52-61 酉　交友
天同 文昌 卯　兄弟			貪狼 鈴星 天姚 62-71 戌　遷移
七殺 寅　夫妻	天梁 左輔 右弼 92-101 丑　子女	廉貞 天相 82-91 子　財帛	巨門 文曲 天魁 天喜 孤辰 72-81 亥　疾厄

命宮が、太陽・天梁の人が、破軍の大限を巡るときは、基本的に星性は合いません。吉凶については、四化星の変化を見なければなりません。

たとえば、上図のような命盤があります。図5－1を見てください。

武曲が命宮で、辰宮に坐します。身宮は福徳宮にあり破軍です。

命宮・身宮の三方四正は、吉星の会照を見ません。また六煞星は一斉に集まっています。

武曲・破軍は、主観が甚だしく強い星曜です。おそらく非常に頑固で、自分の意見を曲げない性格の持ち主です。

人生の過程において、いつも孤軍奮闘します。したがって、二倍の労力を費やしても半分の成果しか上がらず、必ず苦労しなければなりません。

運が巡るとき、十二宮は命宮から順に回っていきます。

第二番目の十年の大限に入る、すなわち巳宮の時に、三方四正には五つの吉星が会照します。これらの吉星は、命宮が会う煞星の不吉な作用を解きます。そのため、執着心の強い性格は少し改善されます。しかし、命宮自体の本質は依然として存在します。

吉星の会照により、人からの補佐に恵まれるか、あるいは貴人が出現する時です。

ただし、流年の運がわずかに悪かったことから、往々にして頑固な性質が原因でチャンスを失います。その反対に、命宮に吉星が会照している人は、普段から円満で融通性がある性格の持ち主です。身分や地位の高い人の出現でチャンスをつかむことができて、なおかつそれを運用することができます。

したがって、これは命宮の本質の違いがもたらした結果だと言えるでしょう。

2 大限宮干と四化星

命盤の大限宮の天干は、出生年の天干に依拠して決定します。

「五虎遁《ごことん》」に従えば、甲年あるいは己年に出生した人の寅宮は、必ず丙の天干になります。また、乙年あるいは庚年に出生した人の寅宮は、戊の天干になります。

それらを一覧にすると、次の表5－1のようになります。

表5–1　五虎遁表（生年天干と十二宮の天干）

十二宮＼生年干	甲・己	乙・庚	丙・辛	丁・壬	戊・癸
寅	丙寅	戊寅	庚寅	壬寅	甲寅
卯	丁卯	己卯	辛卯	癸卯	乙卯
辰	戊辰	庚辰	壬辰	甲辰	丙辰
巳	己巳	辛巳	癸巳	乙巳	丁巳
午	庚辰	壬午	甲午	丙午	戊午
未	辛未	癸未	乙未	丁未	己未
申	壬午	甲申	丙申	戊申	庚申
酉	癸未	乙酉	丁酉	己酉	辛酉
戌	甲申	丙戌	戊戌	庚戌	壬戌
亥	乙酉	丁亥	己亥	辛亥	癸亥
子	丙子	戊子	庚子	壬子	甲子
丑	丁丑	己丑	辛丑	癸丑	乙丑

我々は、出生年を知るだけで、十二宮干の四化星を知ることができます。年齢が属している大限を知り、大限宮干の四化星を飛星を用いて十二宮に入れます。流年が巡る運の吉凶は自然に明らかになります。

たとえば、図5－2を見てください。これは、紫微星が子宮にある命盤です。寅宮は破軍です。甲年、あるいは己年に出生した人は、寅宮の宮位は丙天干です。大限も寅宮にあるときは、三方四正に廉貞化忌が必ず会照します。それ以外の宮の天干は、すでに命盤上で決定しました。大限が巡るときの四化星も確定しました。続いて、出生年の天干の四化星を加えれば、各宮における吉凶はとてもはっきりします。

図5–2　紫微星が子宮にある命盤

太陰陥 巳	貪狼旺 午	天同陥 巨門陥 未	武曲平 天相廟 申
廉貞旺 天府廟 辰	紫微星が子宮にある命盤		太陽閑 天梁地 酉
卯			七殺廟 戌
破軍陥 寅	丑	紫微平 子	天機平 亥

次に、例Jを推断してみましょう。
図5－3の命盤を見てください。

【例J】

武曲・貪狼が命宮にあります。
命宮・身宮は「三奇嘉会」の良い格局です。
ただし、連続する四十年の大運はどれも悪い運です。

・丁丑の大限（2～11歳）、巨門化忌は父母宮にあります。
天盤の父母宮の化忌星は、火星・鈴星の煞星に逢います。父母運は良くありません。子供の頃は多難です。

・丙寅の大限（12～21歳）、太陽化忌が同宮します。「羊陀夾忌」の格局に属します。火星が同宮し、また天月と天刑に会います。
この大限の疾厄宮は、「羊陀夾忌」の格局に属します。この大限は運が悪く、健康面に病気が

図5–3　例Jの命盤

紫微 七殺 天喜 孤辰 己巳 42-51 事業	台輔 蜚廉 鳳閣 庚午 52-61 交友	天鉞 辛未 62-71 遷移	天刑 龍池 壬申 72-81 疾厄
天機 天梁 文曲 恩光 陰煞 八座 戊辰 32-41 田宅	例J 陽男 生年：甲辰	西暦1964年旧暦12月8日子刻 西暦1965年新暦1月10日0時 命局：水二局	廉貞化禄 破軍化権 癸酉 82-91 財帛
天相 左輔 擎羊 丁卯 22-31 福徳			文昌 鈴星 天貴 三台 天虚 甲戌 92-101 子女
太陽化忌 巨門 火星 天月 天馬 禄存 封誥 天哭 丙寅 12-21 父母	武曲化科 貪狼 天魁 破砕 陀羅 寡宿 丁丑 2-11 命宮・身宮	天同 太陰 天姚 丙子 112-121 兄弟	天府 右弼 地空 地劫 紅鸞 天巫 乙亥 102-111 夫妻

あります。

また父母宮は二つの「刑忌夾印」があり、年長者から庇護を得られません。

・丁卯の大限（22〜31歳）、天盤の太陽化忌に、巨門化忌が加わります。

大限命宮の天相は二つの「刑忌夾印」の敗局を形成します。

ただし、この大限は「科禄権」が一斉に会し、また天魁・天鉞と左輔・右弼の助けに遇います。この大限は、普通の人生であれば、まだ志を得られず不遇です。

・戊辰の大限（32〜41歳）、天機化忌が大限命宮にあります。

三方四正も太陽化忌が会照し、大限の夫妻宮もとても悪いです。化忌に遇い、火星・鈴星の煞星にもまた会います。

配偶者との関係が悪いか、あるいは別離します。

・己巳の大限（42～51歳）、この大限から好転し始めます。
武曲化禄と貪狼化権が天盤の命宮にあります。

この大限は、「三奇嘉会」で、事業は発展します。この大限では、とても多くの収穫があるはずです。

3 命宮・身宮は化忌星を喜ばず

図5－4、例Kの命盤を見てください。

命宮の天機・巨門は、卯宮に坐しています。文曲の同宮があります。また、乙年生まれで、命宮に天機化禄・禄存があります。

「陽梁昌禄」の格局もありますので、良い命盤のように見えますが、連続五十年の大限で、化忌星はすべて卯宮に入ります。これは、天盤の命宮で「羊陀夾忌」の凶格を形成します。

これは一年良ければ、次の一年は良くない、つまり、転がる石には苔が生えぬように、良い運が連続しません。したがって、人生は志を得られません。

また、陰男なので、大限は命宮から逆行します。

大限は、己卯（5～14歳）、戊寅（15～24歳）、己丑（25～34歳）、戊子（35～44歳）、丁亥（45～54歳）の五つです。分けると、文曲化忌・天機化忌・巨門化忌が、天盤の命宮で「羊陀夾忌」を形成します。たとえ大限命宮の三方四正になかったとしても、天盤の命宮の化忌は良くない影響があります。

図5–4　例Kの命盤

天梁化権 台輔 天巫 破碎 蜚廉 孤辰 天馬 105-114 福徳 辛巳	七殺 天喜 三台 95-104 田宅 壬午	鳳閣 龍池 85-94 事業 癸未	廉貞 天鉞 火星 八座 75-84 交友 甲申
紫微化科 天相 左輔 天貴 擎羊 115-124 父母 庚辰	例K 陰男 生年：乙卯 西暦1975年旧暦1月27日亥刻 西暦1975年新暦3月9日22時 命局：土五局		天刑 天虚 鈴星 65-74 遷移 乙酉
天機化禄 巨門 文曲 禄存 天哭 5-14 命宮 己卯			破軍 右弼 地劫 天月 55-64 疾厄 丙戌
貪狼 陰煞 陀羅 15-24 兄弟 戊寅	太陽 太陰化忌 天姚 封誥 寡宿 25-34 夫妻・身宮 己丑	武曲 天府 天魁 地空 恩光 紅鸞 35-44 子女 戊子	天同 文昌 45-54 財帛 丁亥

『紫微斗数全書』には、「命が弱くて運が強ければ、貧しくとも富める。賤しくとも貴くなれる」とあります。

同じ道理でいえば、もし命が強くても運が弱ければ、苗は花を咲かすことができず、人生の望みは叶えられません。

したがって、運命の変化のきっかけを充分に把握するべきです。つまり、自分の立脚点を引き上げて、命理を分析し、ようやく最大の収益が得られるのです。

4 四化星と流年宮位の喜忌

子宮の紫微星から亥宮の紫微星に到るまで、十二宮の三方四正の組み合わせは、「殺破狼」と「機月同梁」の二大類型に分けて包括することができます。

十干の四化星は、文昌・文曲を除き、一天干ごとの四化星、流年宮位の四化星の吉凶はすべて固定しています。

たとえば、廉貞・天府の宮位に、乙の天干が巡るとき、乙の四化星は「天機化禄・天梁化権・紫微化科・太陰化忌」です。このとき、廉貞・天府の宮位の三方四正上に化忌星がありません。それゆえ、絶対に良い運だとわかります。

また、貪狼の宮位の人が甲の天干を巡るとき、甲の四化星は「廉貞化禄・破軍化権・武曲化科・太陽化忌」です。おそらく、科権禄（化科・化権・化禄）は、三方四正にあって会照しているはずです。

ここで、四化星の喜忌《きき》について少し説明を加えておきます。

たとえば、破軍が奇数の宮位の寅宮にあるとします。奇数の宮位とは、子寅辰午申戌の宮、偶数の宮位とは、丑卯巳未酉亥の宮を指します。甲の天干を巡るときには、三方四正には必ず科権禄があります。そのうえ、太陽化忌は三方四正上にはありません。

また、乙の天干を巡るときは同じで、三方四正には科権禄があり、化忌はありません。このように、甲と乙の天干は、いずれも「殺破狼」が喜ぶ天干です。

丙の天干は、必ず三方四正に廉貞化忌が会照します。

丁の天干は、半吉半凶です。なぜなら丁の天干の天相は「刑忌夾印」の格局を形成するからです。

戊の天干も、「殺破狼」が喜ぶ天干です。なぜなら貪狼化禄は、彼の三方四正上に必ずあるからです。

己の天干は、文曲化忌がどの宮にあるのかを見なければなりません。

興味深いのは壬の天干です。紫微化権と武曲化忌があります。武曲化忌は必ず破財あるいは血光の災いの要因になると思われがちですが、そうではありません。なぜなら、紫微化権の力量はさらに大きいからです。


原則上、出生年の天干の四化星には、いわゆる吉凶はありません。ただ格局の高低を判定して、大限と流年にあるときに「科権禄」が良い格局を形成するかどうかを見るだけです。

もしくは、大限および流年の化忌星が発動し、天盤の化忌星と重ねて逢ったときに、やっと凶事が発生します。だから、出生年の四化星を見たなら、もっぱら格局の高低を定め、それに続いて、大限の四化星の発動があるかないかを見ましょう。

結論として、命を論ずるためには、ただ、命盤の命宮と身宮がどの宮位にあるかを知りさえすればよいのです。

「殺破狼」か「機月同梁」のどちらの星系に属するのか、六吉星と六煞星の配合が、格局を形成しているかどうか。それに大限と流年で四化星の変化を加えれば、すぐに吉凶を割り出すことができます。

第6章

流年推断秘訣

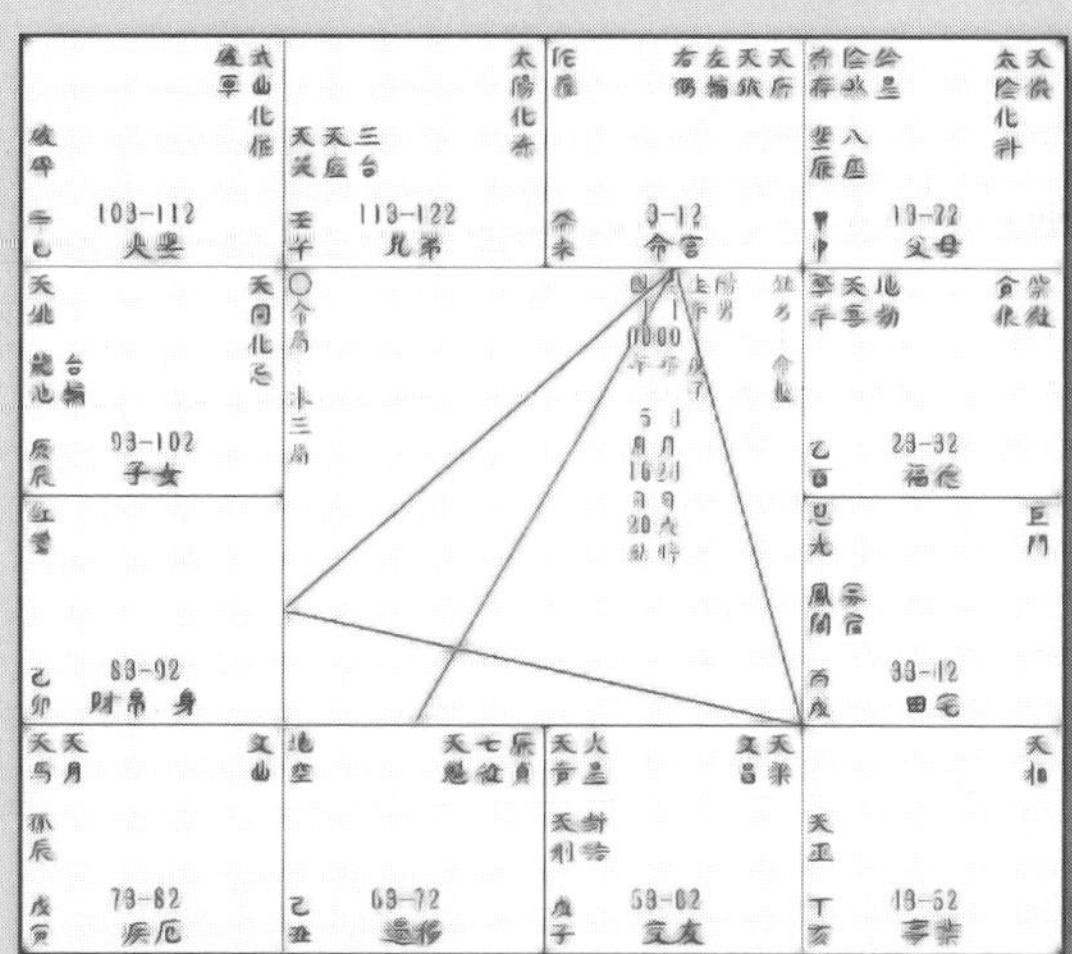

1 運命の脈動

運命とは、予測し難いものです。しかし、動脈に拍動があるように、軌跡があれば必ず探し求めることができます。

十天干と十二地支の組み合わせは、陽の天干を陽の地支に配し、陰の天干を陰の地支に配すると、ちょうど六十種の組み合わせができます。

したがって、もし流年を論ずる場合は、六十年でようやく一回、輪廻することになるわけです。

紫微斗数は、十二宮で、人生のすべてを表しています。

命盤の格局を見る際は、命宮・身宮の三方四正を主とします。

十年の大限の運勢を見るには、その大限を命宮とします。さらに、その宮の天干の四化星を配します。

流年の吉凶を観察するには、流年の地支を命宮にして、さらにその年の天干の四化星を加えます。

命盤全体は、回転させることのできる円盤に似ていて、大限や流年は十二宮を順番に移り変わっていきます。けれども命宮の本質は変わりません。

流年が巡る運で、命宮の本質はある程度変わりますが、殆どの場合、ほんの少しの変化があるだけです。

したがって、命宮の本質の変化について言えば、旧知の知り合いのようです。異なる境遇になれば、また違った感じになるのに似ています。

たとえば、２０２０年は庚子年です。流年命宮は、子宮にあります。天干は庚です。

十二年前、流年が子宮にあった時は、天干は戊でした。

つまり、命盤中の十年の大限も一宮替わり、それに経験の違いも加わり、味わった人生の鍛錬も同じではなく、結果もやはり同じではなかったはずです。

天干・地支が、完全に同じになるには、六十年待つ必要がありますが、十年の大限は、同じではありません。そして、時間と空間の環境もまた変化しています。

天運・地運が変化した結果を、命理で推論しようとする者は、経験法則を手掛かりに、星曜の特性から発生する結果を推論するのみです。しかし、結果を断定することはできません。

したがって、占術家が、ある人が必ず離婚するとか、結婚しないとか、さらには生死を断定したとすれば、それは大げさです。あくまでも推論の域を出ないもの、想像の産物と捉えた方がよいでしょう。

命理学は、実際には、検証と確率から推論しているにすぎません。生じた結果と軽重の程度は、すなわち「量」の大小であり、それ以外の方面の連携、たとえば立脚点の高低や原因結果の関係も必要です。

したがって、流年の命盤を観察するときは、当事者の過去に巡った行運に対しても、再検討しなければなりません。つまり、行運中の、星曜の変化、および本命・十年の大限・流年の四化星の変化、相補作用の有無、そして良い運勢を手にできるかどうかを観察します。

もし、良い運勢を掌握し利用できれば、必ず良い行運の結果を得られます。逆もまた然りです。

図6-1　命宮が午宮で破軍の命盤

太陽 辛巳　兄弟	破軍 壬午　命宮	天機 癸未　父母	紫微 天府 甲申　福徳
武曲 庚辰　夫妻	命宮が午宮で破軍がある。10年の大限は寅宮の七殺に巡る		太陰 乙酉　田宅
天同 己卯　子女			貪狼 丙戌　事業
七殺 10年の大限 戊寅　財帛	天梁 己丑　疾厄	廉貞 天相 戊子　遷移	巨門 丁亥　交友

2　疊星は運を成す

疊星《じょうせい》とは、大限宮の天干と流年天干が同じ、あるいは流年宮位と大限宮位が同じことを指します。同じ星曜が何度も畳みかけることから、この名があります。

流年宮位と大限宮位が、重複したり、あるいは会照したりすると、星曜の力量は増強し、吉凶の特性を充分に発揮します。これを「疊星は運を成す」と言います。

たとえば、流年命宮と、十年の大限命宮が「重《じゅう》逢《ほう》」、つまり再会するとき、吉凶の反応は非常に顕著になります。もし、三方から「会照」すれば、同様の効果がありますが、力量は比較的小さいです。

同様に、流月命宮と流年命宮が、「重逢」あるいは「会照」すれば、吉凶は比較的はっきりと顕れます。

これこそ、流年命宮の重逢と星曜の重畳《ちょうじょう》の効果です。

図６－１の命盤が午宮にある破軍の命盤を見てみましょう。

十年の大限命宮は七殺で寅宮にあり、天盤の命宮とお互いに会照します。

流年命宮がまた寅宮にあるときには、十年の大限命宮と重畳し、また元々の天盤の命宮とお互いに会照し、吉凶は特別に顕著となります。

流年が戌宮を行くとき、十年の大限命宮と、天盤の命宮は互いに会照します。ですから、その年の吉凶は特別にはっきりと出るでしょう。

3 流年星曜が吉凶を発動させる

流年は、行運の吉凶の要です。したがって、流年の星曜は吉凶変化に対して非常に重要です。

流年の星曜には、禄存・陀羅・擎羊・天魁・天鉞・文昌・文曲・天馬・流年四化星、および流年の「歳前諸星」「将前諸星」があります。

流年の「歳前諸星」と「将前諸星」については、紙数の関係もあり、本書では論じません。

禄存・陀羅・擎羊・天魁・天鉞・文昌・文曲・天馬・四化星など星曜は、命盤上にもあります。そのため、習慣上、これらの星曜の前に、流禄・流陀・流羊など「流」という文字を加えて識別します。

表6-1　流年星曜宮位表

天干＼流曜	流禄存	流陀羅	流擎羊	流文昌	流文曲	流天魁	流天鉞	四化星 禄	権	科	忌
甲	寅	丑	卯	巳	酉	丑	未	廉	破	武	陽
乙	卯	寅	辰	午	申	子	申	機	梁	紫	陰
丙	巳	辰	午	申	午	亥	酉	同	機	昌	廉
丁	午	巳	未	酉	巳	亥	酉	陰	同	機	巨
戊	巳	辰	午	申	午	丑	未	貪	陰	弼	機
己	午	巳	未	酉	巳	子	申	武	貪	梁	曲
庚	申	未	酉	亥	卯	丑	未	陽	武	陰	同
辛	酉	申	戌	子	寅	午	寅	巨	陽	曲	昌
壬	亥	戌	子	寅	子	卯	巳	梁	紫	輔	武
癸	子	亥	丑	卯	亥	卯	巳	破	巨	陰	貪

流天馬は、申子辰年は寅、寅午戌年は申、亥卯未年は巳、巳酉丑年は亥。

流年で常用する星曜中、天馬は流年の地支に基づいています。それ以外は、すべて天干によって定めます。

流年の見方は二種類あります。流年命宮として小限宮を使う方法と、太歳宮を使う方法です。

①小限宮流年法

数え年の小限宮を、流年命宮とします。小限宮は男女によって異なります。

たとえば、寅午戌年に生まれた人は、数え年の一歳の年は、小限宮は男女ともに辰宮です。その後は、男性が順行で、数え年の二歳は巳宮、数え年の三歳は午宮と推移します。女性は逆行で、数え年の二歳は卯宮、数え年の三歳は寅宮と推移します。

同様に、申子辰年に生まれた人は、数え年の一歳の年は、小限宮は男女ともに戌宮です。その後は、男性は順行で亥宮・子宮・丑宮、女性は逆行で酉宮・申宮・未宮と小限宮は推移します。

表6–2　小限宮の表

数え年 ＼ 小限宮 ＼ 生年支										寅午戌		申子辰		巳酉丑		亥卯未	
										男	女	男	女	男	女	男	女
1	13	25	37	49	61	73	85	97	109	辰	辰	戌	戌	未	未	丑	丑
2	14	26	38	50	62	74	86	98	110	巳	卯	亥	酉	申	午	寅	子
3	15	27	39	51	63	75	87	99	111	午	寅	子	申	酉	巳	卯	亥
4	16	28	40	52	64	76	88	100	112	未	丑	丑	未	戌	辰	辰	戌
5	17	29	41	53	65	77	89	101	113	申	子	寅	午	亥	卯	巳	酉
6	18	30	42	54	66	78	90	102	114	酉	亥	卯	巳	子	寅	午	申
7	19	31	43	55	67	79	91	103	115	戌	戌	辰	辰	丑	丑	未	未
8	20	32	44	56	68	80	92	104	116	亥	酉	巳	卯	寅	子	申	午
9	21	33	45	57	69	81	93	105	117	子	申	午	寅	卯	亥	酉	巳
10	22	34	46	58	70	82	94	106	118	丑	未	未	丑	辰	戌	戌	辰
11	23	35	47	59	71	83	95	107	119	寅	午	申	子	巳	酉	亥	卯
12	24	36	48	60	72	84	96	108	120	卯	巳	酉	亥	午	申	子	寅

②太歳宮流年法

その流年の干支《えと》が、そのまま太歳宮になります。たとえば、子年の流年命宮は子、丑年の流年命宮は丑、寅年の流年命宮は寅です。

小限宮流年は必ず太歳宮流年の命宮の三方四正にあります。だから二種類の流年推断はいずれも精度があります。我々は太歳宮流年法の正確度が比較的高いと考えています。そのため、本書中の例は太歳宮流年法を使います。

それゆえ、流年の星曜は四化星以外が、全部の人が同一の宮位になります。

星曜が連動して作用し、その結果、吉か凶を発生させるのかどうかは、元々の命盤と流年の星曜の兼ね合いを見なければなりません。このとき、同一宮位に「重疊」があるかどうか、あるいは違う宮位に「会照」があるかどうかを見ます。もしも、星曜に重疊もしくは会照があれば、これは元々の星曜の力量が増強し、吉あるいは凶の特性を発揮します。

第7章

紫微斗数による開運法

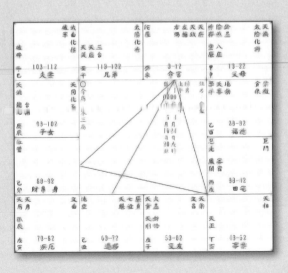

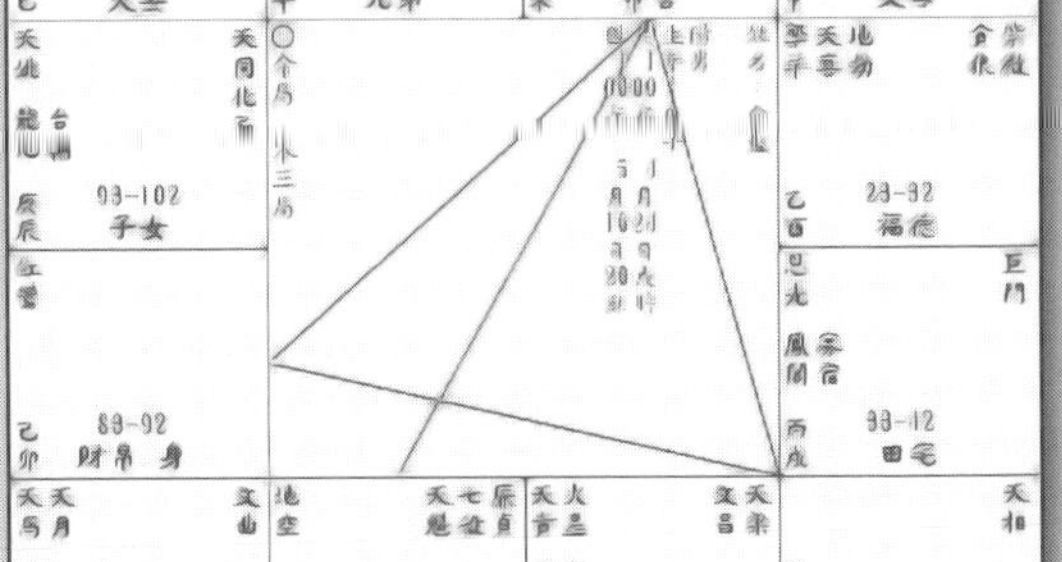

1 紫微斗数による開運法

中国の古典『孫子兵法』（紀元前515〜前512年）「謀攻篇」にこうあります。

「敵と味方の実情を熟知していれば、百戦戦っても負けることはない。敵情を知らないで味方のことだけを知っているのでは、勝ったり負けたりして勝負がつかず、敵のことも味方のことも知らなければ必ず負ける」

これは、もし自分を熟知するならば、不敗の地に立てる。かさねて敵を熟知していれば、きっと百戦百勝できるということです。

あらゆる推命術の中で、紫微斗数は、正確さと簡易さの二つの特色を具えています。正確な生年月日時さえあれば、運命の浮き沈みについて推測することは、それほど難しくありません。さらに、紫微斗数は、自分を理解するのに最適なツールです。

古代の聖人、孔子（紀元前551年〜紀元前479年）は、『論語』の中でこう言っています。

「天命を知らないでは、君子たる資格がない」

「私がもう数年生きて、五十になり易を学べば、大きな過失はしないだろう」

つまり、もし天が私をあと数年生かすなら、五十歳になったとき、周易をよく研究して天命や運を知ることで、吉凶の消長と進退の時期がわかり、大きな過失をなくせる、と言っているのです。

また、「事を計画するのは人にあるも、成就するのは天にあり」とも言っています。

神に天命を聞くと同時に、もうすでに力を尽くしきっているのかどうか、全ての資源をできる限り利用したかどうかを確かめなければなりません。吉に向かっていて凶を回避できたのかも調べます。運命の起伏を明瞭にしたならば、進退を決めるべきです。そして、勢いに乗れば、ある程度のことはすべて容易に成功するでしょう。

2 運命を変える方法

運命は、変えることができます。

古人はこう言っています。

「一命、二運、三風水、四積陰徳、五読書」

これは、運命を決定する力量の順番を示しています。

一・命

「命《めい》」とは、あなたが出生した年・月・日・時のことです。

また、「宿命」とも言われ、生まれつきのもので、あなたの個性や行動パターンに影響を与え、自分で変えることはできません。

もし、良くない場合は、後天的な努力をして改善する必要があります。

二. 運

「運」とは、人の意思や努力では、どうしようもない巡り合わせのことです。「運」には、盛衰があります。良い「命」の人にも運が衰える時があり、悪い「命」の人にも運が強い時があります。

もし、運勢を把握できたなら、悪い「命」を良い「命」に転化することもできます。運命学では、運には十年の大運と年運があります。

三. 風水

「風水」は、簡単に言うと、古代のよい環境の統計学です。

良い環境にいる人は、身体は健康で精神は安泰です。そのため、自然と良い表現ができますし、正確な意思決定をして、自然と成功しやすいものです。

四. 積陰徳

「陰徳を積む」とは、人に知られずにする善行です。他人への援助を愛好するなら、今後あなたの援助を受ける人はさらに累積するでしょう。けれども、必ずしもその見返りがあるとは限りません。ただし、善いことを多くすれば、外にあらわれた容貌は内在する心境の影響を受けます。精神が安定していて、いつも楽しくしていれば、人間関係における親近感は増します。そうすれば、貴人も自然にやって来ます。

五. 読書

「読書」とは、勉強のことです。昔は、仕官したいなら勉強は必須、そして試験に参加しました。現代は、社会的地位を得るため、大学受験・公務員試験・就職試験があります。今は、知識経済時代です。さらに勉強しなければならず、それでやっと人に一歩先んじることができます。

さて、運命を決める力量の順番を理解できたら、次に、三つの開運方法を提唱します。

3 三つの開運法

一．心念

心念《しんねん》とは、仏教用語で、心、考え、思い、念ずることを意味します。

心念は、個人の行動を決めます。

人の行動を観察すれば、成功失敗、損得利害、吉凶禍福までを知ることができると言います。

心念は、力を生み出すことができます。それゆえ、念力と言い換えることもできますが、個人の運命の吉凶と行動パターンには、お互いに密接な関係にあります。

ある学者の研究によれば、大きな功績や偉業を成した人たちには、幾つかの特定される行動パターンがあったそうです。

紫微斗数では、星系ごとに顕著な特性があります。その欠点を回避して、長所を発揮させることで、趨吉避凶ができます。

二．運の盛衰を知り、進退を明確に

天地には、陰陽、四季の変化があります。天の時に順応すれば、則ち吉。天の法則に逆らい行動すれば、則ち凶。

人にはまた旺運と衰運があります。盛んな運が来たときは、万事が順調に運び、吉兆の星が天上から照らし、勢いに乗じて、大胆に前進できます。

衰運のときは、周囲からは責められて、暗雲が目の前をさえぎり、病気や災難が続きます。こうしたときは、実力を保ち、来るべき年に備えておくべきです。

また、重大な災難や損失を被ってしまう人をよく見かけますが、これは自分の行運の衰旺と進退の時期を理解していないからです。ひどい場合は、損失に遭うだけでなく、翌年の行運にも影響します。

それゆえ、紫微斗数の命盤から、吉凶の予兆が較べて強い数年を探し、それを趨吉避凶の拠り所とします。

三．十二宮の吉凶を善用

紫微斗数には、百個余りの星曜があります。人は誰もがこれらの星を持っていて、そのうえ、すべての星が同じです。ただし、宮上の配置が異なりますので、吉凶は各々で異なります。

宮の吉凶を調べた後は、良い宮の方へ前進し、悪い宮からは離れて回避するようにします。

たとえば、父母宮が吉、兄弟宮が不吉であれば、これは父母・目上・年長者における各種の資源を善用するべきで、吉側からやって来る協力・援助を受け取ります。そして、兄弟、友達、同年代の人との付き合いは、適当な距離を保ち、友達と共同で何かをする、あるいは自分があずかり知らない事情への介入を避けるのです。

もしも、疾厄宮が不吉な場合は、医学の検査設備の助けを借ります。まずは、大限と流年を見て、あらかじめ防ぐか、発病初期に治療をします。

人類の平均寿命は、絶え間なく上がり続けています。これも、現代医学が開運を助ける効果です。

もし、田宅宮が不吉な場合は、居住環境の風水を見直します。そうすることで子供の運も改善します。田宅宮と子女宮は相対的な関係にあるので、田宅宮が良く変われば、子供の発展に対して絶大な助けがあります。次に、人生における危機回避の方法と、人生の智慧をまとめました。参考にしてください。

人生上の危機と対策法

恋愛・結婚
1. 夫妻宮が悪い場合、夫婦の年齢は差があるほうが良い。そうすれば性格の違いを解消できる。
2. どちらとも仕事を持っているのが良い。衝突が減る。
3. 相手のことを優先して考える。自分がやりたいことばかりしてはいけない。
4. 常に未来に思いをはせる。過去ばかり考えないようにする。
5. 忍耐は万能薬ではない。情緒の処理の仕方を学び、双方の矛盾の解決方法を考える。
6. 会う機会を少なく、離れている時間を多くする。摩擦を避ける。たとえば1週間に2、3日だけ会うようにする。ただし長期間の分離は勧めない。

金運
1. 運が悪い時は、創業、あるいは投資拡大をしてはいけない。本業を謹んで守る。急進してはいけない。まず何をどうするかを学習する。
2. 金銭の支出・借金・担保を樹立して危機管理を強める。何事をするのにも再三にわたり考える。
3. ギャンブルをしない。危険な投資をしない。正しい投資姿勢を養う。財務管理では貸付投資などのハイリスクな事業をしない。
4. 節約する。収入額を計算、その後に支出を決める。
5. 過度のブランド志向はやめる。節度のない浪費を慎む。命盤を元に計画を立てる。風水を利用し磁場を改善する。

健康
1. よく運動する。良好な生活習慣を身に付ける。定期健康診断を受ける。
2. 疾厄宮に欠点のある人は、自分の飲食習慣の調整が必要。さらに医療保険に加入。
3. いつも夜更かししない。肝臓に負担がかかる以外に、中風にもなりやすい。
4. 仕事が終わらなくても、仕事を家に持ち帰らない。過度の疲労を避ける。健康な心身があってこそ、輝くライフキャリアを創造することができる。
5. 風水を用いて磁場を調整し、健康を改善する。

子供
1. 子供の命盤から、子供にとって良い人生計画を作る手伝いをする。リスクを転化させて、才能を発揮させる。
2. 子供の興味・特技・命盤と命式の特色から、未来の学科と就職の方向を計画する。疾厄宮に欠点のある人は、自分の飲食習慣の調整が必要。さらに医療保険に加入。
3. 子供にあなたの夢の完成を子供に期待しない。自分ができなかったことを他人に無理強いしないこと。
4. 過干渉をしない。子供は独立した個体、彼らがするべきことは彼らにさせる。子供の自立をゆっくりと訓練する。
5. 親子間では、〝ダメ、間違っている、良くない〟などの否定的な言葉を使わない。子供はあなたとコミュニケーションしなくなる。
6. 忍耐力をもち、親子はコミュニケーションが常に必要。子供が何を考えているのか、何が必要なのか、を理解する。
7. 子供には賞賛が必要。学校の成績で、子供の他の長所を否定してはいけない。劣っているのは、まだ進歩の余地があるという証拠。

事業
1. 明確な目標を持っている。自分の求めるものを知っている。
2. 徹底して自分を理解し、長所を発揮する。
3. 時間とプロ意識を重視、仕事に熱心に取り組む。
4. 人や物事に接する際、謙虚で、礼儀正しい。
5. 貴人と、利のある機会を探している。

6. 健康な身体を持っている。

7. 環境への適応能力がある。

8. 挫折に対する適応能力がある。人生は順風満帆とは限らない。

9. 自己肯定している。現状を突破、自身を確立し、尊厳のある人になる。

10. 命盤を元に計画を作る。勢いに乗じて、力を尽くす。

人間関係
1. いつでも人の手助けをして、貴人の知り合いを作る。
2. 勤勉に仕事をして、他から利用される価値を創造する。
3. 他の人から力・資財・勢力を借り、自分の能力や勢力を増やす。

人生の智慧

危機を生じやすいのは、どのような人？
1. 得意になり、思い上がっている人。享楽を貪っている人。
2. ぼんやりして、やる事を忘れている人。言動に慎重さが足りない人。
3. 非常に忙しく、不注意になっている人。物事を疎かにしている人。

4. あせってイラついている人。または挫折に遭ったばかりの人。
5. 生活の行動パターンが変わったばかりの人。
6. 事前に憤怒している人、事後に落ち込んでいる人。

どのようなとき、運が悪いとわかるのか？

1. 心があせって苛立つとき。忍耐強くなれないとき。
2. やましいことがあり、びくびくしているとき。不安を感じるとき。
3. 身体に疲労を覚えるとき。
4. 何でも適当、いいかげんになっているとき。専心していないとき。

運が悪い時の対策は？

1. **回避**：駝鳥《だちょう》政策。駝鳥が地面に頭を突っ込んで見まいとするように、嵐が過ぎ去るのを静かに待つ。ただし長期間は避ける、別の危機を生じずにすむ。
2. **譲歩**：低姿勢を保持する。そうすれば危機を解消し、損失を減らすことができる。
3. **協力**：譲歩するよりも、さらに積極的になって、共同で作業をする。要らぬプライドを捨てればうまくいく。
4. **他力**：他の人の才能・努力・知恵・時間を借りて成し遂げる。命盤で良い運の宮に巡る時を応用して、貴人の力を借りること。
5. **後退**：前進するためには、時には一度後退する。後退してから機会をうかがい、再び進む。

6. **宗教・風水**：宗教や風水の助けを借りる。

頭角を現すにはどうすればよいのか？（頭角を現す必須条件）

1. 自分自身を徹底的に知り尽くす。長所を発揮すること。
2. 時間と勤労精神を重要視する。
3. 人に接する態度が謙虚、礼儀正しい。
4. 貴人に会い、利のあるチャンスを探す。
5. 健康な身体を持つ。実行できる。
6. 命盤から将来を計画する。勢いに乗る、全力を尽くす。

成功者の行動モデル

1. 高いIQ（知能指数）、または高いEQ（心の知能指数）がある。
2. 自分のしたいことを知っている。（目標の確立）
3. 善を選ぶ。目標を堅く持っている。（誠実である。目標を放棄しない）
4. 人と知り合いになるのが得意である。貴人の助けを受けられる。
5. 各種資源を善用している。（特技・専門技術・専門知識・人脈など）

危機の処理方法

1. まず危機を認識する。
2. 状況を把握する。そのうえで整理・計画を立てる。
3. 誠実に対応をする。重要な事柄を処理する。
4. 臨機応変に後始末をする。復元する。

小人からの邪魔や妨害を防ぐ方法

1. 最良の運気を保つように、努力する。
2. 誠意をもって人に接する。常時、低姿勢を保つ。
3. 人間関係を新しく開拓する。

巻末資料

星の性質と喜忌一覧表

十四主星

星名	化気	星の性質	喜	忌
紫微	尊	尊貴。覇気。善変。	昌曲・輔弼・魁鉞等の諸吉星の聚会を喜ぶ。	吉星が無くて、煞星に会うのを忌む。較べて火星・鈴星を忌まず。
天機	善	機敏。謀略。幻想。	諸吉星を喜ぶ。特に昌曲・魁鉞を喜ぶ。	諸凶星を忌む。特に化忌を畏れる。
太陽	貴	率直。多動。名声。	諸吉星を喜ぶ。特に吉化した太陰を喜ぶ。	諸凶星を忌む。煞星と化忌と一緒にある太陰を忌む。
武曲	財	財帛。強情。勇敢。	諸吉星を喜ぶ。ただし較べて文昌を喜ばず。	諸凶星を忌む。特に鈴星・陀羅と化忌を忌む。
天同	福	福徳。享楽。更新。	諸吉星を喜ぶ。化禄は擎羊を見るのを喜ぶ。	諸凶星を忌む。特に化忌を畏れる。
廉貞	囚	廉潔。気儘。桃花。	天府・天相・禄存等の吉星を喜ぶ。	貪狼・破軍を喜ばず。諸凶星を忌む、特に擎羊・化忌を畏れる。
天府	賢能	富裕。懶惰。消極。	諸吉星を喜ぶ。特に化禄・禄存を見るのを喜ぶ。	諸凶星を忌む。化禄を見れば擎羊・陀羅・火星・鈴星を畏れず。
太陰	富	財。安静。自制。	諸吉星を喜ぶ。特に化禄と吉化した太陽を喜ぶ。	諸凶星を忌む。特に擎羊・陀羅と陥宮に化忌があるのを忌む。
貪狼	桃花	固執。欲望。桃花。	諸吉星を喜ぶ。ただ文昌を喜ばず。化禄は火星を見るのを喜ぶ。	諸凶星を忌む、較べて化忌を畏れず。煞星に会えば桃花の諸星曜を見るのを畏れる。
巨門	暗	弁才。是非。暗忌。	諸吉星を喜ぶ。特に化権・昌曲・魁鉞を喜ぶ。	諸凶星を忌む。特に擎羊・陀羅・火星・鈴星を忌む。
天相	印	誠実。服務。性急。	諸吉星を喜ぶ。特に巨門化禄で「財蔭夾印」を成すのを喜ぶ。	諸凶星を忌む。特に巨門化忌で「刑忌夾印」を成すのを忌む。

天梁	蔭	福寿。監察。孤立。	諸吉星を喜ぶ。較べて化禄を喜ばず。	諸凶星を忌む。特に擎羊・陀羅を忌む。
七殺	将星	粛殺。創始。領導。	諸吉星を喜ぶ。紫微に逢うのを喜ぶ、特に化禄星を喜ぶ。	諸凶星を忌む。特に擎羊・鈴星を忌む。
破軍	耗	革新。衝動。消耗。	諸吉星を喜ぶ。ただ文昌を喜ばず。紫微の同宮を喜ぶ。化禄を喜ぶ。	諸凶星を忌む。

十八副星

星名	化気	星の性質	喜	忌
禄存	爵禄	富裕。篤実。禍福。	諸吉星を喜ぶ。特に化禄・天馬を喜ぶ。	諸凶星を忌む。特に地空・地劫と化忌を忌む。
天馬	駅馬	栄転。遠出。多忙。	諸吉星を喜ぶ。特に禄存・化禄を喜ぶ。	諸凶星を忌む。特に地空・地劫を忌む。
文昌	科甲	博学。文書。情感。	諸吉星を喜ぶ。特に化科を見るのを喜ぶ。	諸凶星を忌む。
文曲	科甲	博学。文書。情感。	諸吉星を喜ぶ。特に化科を見るのを喜ぶ。	諸凶星を忌む。
左輔	助力	助力。富貴。桃花。	諸吉星を喜ぶ。夫妻宮に単独でいるのを喜ばず。	諸凶星を忌む。
右弼	助力	助力。富貴。桃花。	諸吉星を喜ぶ。夫妻宮に単独でいるのを喜ばず。	諸凶星を忌む。
天魁	貴	功名。貴人。助長。	諸吉星を喜ぶ。特に化科を喜ぶ。	化忌を畏れる。較べて煞星を忌まず。
天鉞	貴	功名。貴人。助長。	諸吉星を喜ぶ。特に化科を喜ぶ。	化忌を畏れる。較べて煞星を忌まず。
擎羊	刑	凶禍。権威。血光。	諸吉星を喜ぶ。特に天同化禄を見るのを喜ぶ。	諸凶星を忌む。特にさらに化忌に会うのを忌む。
陀羅	忌	凶禍。是非。遅延。	夫妻宮にあるのを喜ぶ。	諸凶星を忌む。特に火星と同宮するのを忌む。

火星	殺	刑傷。短気。無情。	吉星による解消を喜ぶ。特に貪狼化禄・吉化した七殺・天府を喜ぶ。	諸凶星を忌む。特に陀羅を忌む。
鈴星	殺	威名。激烈。残忍。	吉星による解消を喜ぶ。特に吉化した七殺・天府を喜ぶ。	諸凶星を忌む。特に擎羊と同宮するのを忌む。
地空	空亡	劫財。破敗。阻害。	吉星による解消を喜ぶ。	諸凶星を忌む。ただ較べて火星・鈴星を忌まず。
地劫	劫殺	劫情。破敗。病厄。	吉星による解消を喜ぶ。	諸凶星を忌む。
化禄	財禄	財帛。栄転。桃花。	武曲・太陰に付くのを喜ぶ。禄存・天馬。	諸凶星を忌む。特に地空・地劫・化忌を忌む。
化権	権勢	権勢。栄転。弄権。	武曲・巨門に付くのを喜ぶ。諸吉星を喜ぶ。	諸凶星を忌む。
化科	文墨	功名。得意。出名。	天魁・天鉞・文昌・文曲に会うのを喜ぶ。	諸凶星を忌む。特に化忌を畏れる。
化忌	煩悩	災厄。不順。収斂。	吉星による解消を喜ぶ。	諸凶星を忌む。特に同じ星曜に化忌星が二度付くのを忌む。

三十一助星

星名	星の性質	喜	忌
天刑	威名。災厄。孤剋	寅卯酉戌宮に入るのを喜び、名を天喜神と言う。文昌・文曲に合うと更に吉。	擎羊・化忌に逢うのを忌む。
天姚	風流。逸楽。嫉妬。	卯酉戌亥宮に臨むのを喜ぶ。	丑未宮に入り、重ねて桃花の諸星に会うのを忌む。
天哭	哀傷。哀惜。喪服。	吉星による解消を喜ぶ。	天虚と、命宮・身宮・六親の宮に会照するのを忌む。
天虚	哀傷。分離。空虚。	吉星による解消を喜ぶ。	天虚と、命宮・身宮・六親の宮に会照するのを忌む。
紅鸞	婚姻。桃花。血光。	命宮・身宮・夫妻宮に臨むのを喜ぶ。	疾厄宮に入るのを忌む。

天喜	婚姻。桃花。慶事。	命宮・身宮・夫妻宮に臨むのを喜ぶ。	疾厄宮に入るのを忌む。
三台	権貴。科名。	八座と、命宮・身宮に会照するのを喜ぶ。	八座と、夫妻宮に入るのを忌む。
八座	権貴。科名。	三台と、命宮・身宮に会照するのを喜ぶ。	三台と、夫妻宮に入るのを忌む。
龍池	清貴。才芸。	鳳閣と、命宮・身宮・事業宮を挟むのを喜ぶ。	諸凶星を忌む。
鳳閣	清貴。才芸。	龍池と、命宮・身宮・事業宮を挟むのを喜ぶ。	諸凶星を忌む。
天貴	殊貴。功名。	恩光と、命宮・身宮に会照するのを喜ぶ。	諸凶星を忌む。
恩光	殊恩。功名。	天貴と、命宮・身宮に会照するのを喜ぶ。	諸凶星を忌む。
天官	官貴。禄位。	命宮・身宮・事業宮に臨むのを喜ぶ。	諸凶星を忌む。
天福	爵禄。福寿。	命宮・身宮・事業宮に臨むのを喜ぶ。	諸凶星を忌む。
台輔	貴顕。声望。	命宮・身宮・事業宮・財帛宮に入るのを喜ぶ。	諸凶星を忌む。
封誥	封贈。名声。	命宮・身宮・事業宮・財帛宮に入るのを喜ぶ。	諸凶星を忌む。
孤辰	孤寡。寂寞。	吉星による解消を喜ぶ。	命宮・身宮・夫妻宮に入るのを忌む。
寡宿	孤寡。分離。	吉星による解消を喜ぶ。	命宮・身宮・夫妻宮に入るのを忌む。
天巫	昇進。継承。	命宮・身宮・事業宮に入るのを喜ぶ。	父母宮に入るのを忌む。
解神	解除。分離。	命宮・身宮・財帛宮に入るのを喜ぶ。	夫妻宮に入るのを忌む。
天月	疾病。意外。	吉星による解消を喜ぶ。	命宮・身宮・疾厄宮に入るのを忌む。

陰煞	鬼祟。小人。	吉星による解消を喜ぶ。	命宮・身宮・田宅宮に入るのを忌む。
蜚廉	小人。是非。	吉星による解消を喜ぶ。	命宮・身宮・父母宮に入るのを忌む。
咸池	桃花。破財。	夫妻宮に入るのを喜ぶ。	命宮・身宮・財帛宮・田宅宮に入るのを忌む。
破碎	破裂。損失。	吉星による解消を喜ぶ。	命宮・身宮・夫妻宮・財帛宮に入るのを忌む。
華蓋	才芸。信仰。	諸吉星を喜ぶ。	化忌に会うのを忌む。
天徳	化煞。解厄。	命宮・身宮・財帛宮・事業宮に入るのを喜ぶ。	諸凶星を忌む。
月徳	化煞。清高。	諸吉星を喜ぶ。	諸凶星を忌む。
天廚	才芸。俸禄。	諸吉星を喜ぶ。	諸凶星を忌む。
天才	聡明。才芸。	命宮・身宮に入るのを喜ぶ。	諸凶星を忌む。
天寿	長寿。延長。	命宮・身宮・事業宮・財帛宮に入るのを喜ぶ。	諸凶星を忌む。

長生十二星

星名	星の性質	喜忌
長生	発生。発展。	天機と同宮するのを喜ぶ。
沐浴	桃花。浪費。	桃花星と会照すると力量を増強する。
冠帯	慶事。独立。	命宮にあるのを喜ぶ。
臨官	慶事。官貴。	十二宮にあれば、どれも吉。
帝旺	慶事。壮健。	十二宮にあれば、どれも吉。
衰	衰退。無力。	吉星による解消を喜ぶ。
病	疾病。消耗。	命宮と疾厄宮に入るのを忌む。
死	消極。終止。	命宮に入るのを忌む。
墓	深蔵。頑固。	財帛宮及び事業宮に入るのを喜ぶ。
絶	絶滅。死気。	命宮・身宮に入るのを忌む。
胎	吉兆。盈蔵。	旺運に入るのを忌む。
養	盈育。成長。	十二宮にあれば、どれも吉。

博士十二星

星名	星の性質	喜忌
博士	聡明。得意。	命宮・身宮・財帛宮・事業宮・遷移宮に入るのを喜ぶ。
力士	権勢。指導。	擎羊と同宮（陽男陰女）し、重ねて煞星に逢うのを忌む。
青龍	喜気。進財。	将軍と、命宮・身宮に分居するのを喜ぶ。
小耗	出費。失物。	桃花星と同宮、また耗星と逢うのを忌む。
将軍	勇敢。得意。	青龍と、命宮・身宮に分居するのを喜ぶ。
奏書	朗報。文筆。	文昌・文曲・天魁・天鉞・科名の星と同宮あるいは会照するのを喜ぶ。
飛廉	小人。孤独。	疾厄宮に入るのを喜ぶ。命宮・身宮・福徳宮に入るのを忌む。
喜神	慶事。延続。	流年命宮に入るのを喜ぶ。
病符	災病。阻害。	命宮・福徳宮・疾厄宮にあるのを忌む。
大耗	出費。破敗。	前後から地空・地劫が挟むのを忌む。ふたたび耗星に逢うのを喜ばず。
伏兵	是非。暗蔵。	吉星による解消を喜ぶ。
官府	訴訟。是非。	命宮・身宮にあり、なおかつ官符に会照するのを忌む。

流年歳前諸星

星名	星の性質	喜忌
歳建	吉凶。禍福。	吉に逢えば吉を加え、凶に逢えば凶を加える。
晦気	咎を得る。不順。	吉星による解消を喜ぶ。
喪門	弔問。虚驚。	巨門との同宮を喜ばず。 弔客と同宮し、三合宮に於いて命宮に会照するのを忌む。
貫索	訴訟。災難。	吉星による解消を喜ぶ。
官符	訴訟。是非。	官府に会い、命宮・身宮に会照するのを忌む。
小耗	出費。失物。	さらに耗星に逢い、力量が増強するのを忌む。
大耗	出費。破敗。	前後から地空・地劫が挟むのを忌む、さらに煞星に逢うのを喜ばず。
龍徳	解消。趨吉。	命宮・身宮に臨むのを喜ぶ。
白虎	刑傷。訴訟。	擎羊・鈴星が同宮するのを忌む。特に、煞星・化忌に逢うのを忌む。
天徳	解消。趨吉。	命宮・身宮に臨むのを喜ぶ。
弔客	弔問。不順。	喪門と同宮し、三合宮に於いて命宮に会照するのを忌む。
病符	災病。是非。	命宮・福徳宮・疾厄宮にあるのを忌む。

流年将前諸星

星名	星の性質	喜忌
将星	武貴。得意。	命宮・事業宮にあるのを喜ぶ。
攀鞍	武貴。功名。	命宮・身宮に臨むのを喜ぶ。凶に逢っても吉に化すことができる。
歳駅	遷移。奔走。	命宮・事業宮にあるのを喜ぶ。天馬と会照すると力量は増強する。
息神	消沈。阻喪。	吉星による解消を喜ぶ。
華蓋	孤高。信仰。	助星の華蓋と同宮、あるいは会照すれば力量は増強する。
劫煞	強盗。破財。	吉星による解消を喜ぶ。
災煞	小人。破財。	吉星による解消を喜ぶ。
天煞	剋父。剋夫。	命宮・父母宮・夫妻宮に入るのを忌む。
指背	誹謗。是非。	命宮に入るのを忌む。
咸池	桃花。破財。	桃花の星に会い、また煞星・化忌星に逢うのを忌む。
月煞	剋母。剋妻。	命宮・父母宮・夫妻宮に入るのを忌む。
亡神	破財。失物。	財帛宮に入るのを忌む。吉星による解消を喜ぶ。

諸星十二宮廟陥表

廟旺平陥：紫微斗数では、星曜を天上にある星になぞらえています。星の明るさには強弱があります。おおよそ星曜にはそれに相応しい宮位があり、それを廟・旺と言います。星曜の長所が容易に発揮され、短所は容易に現れません。相応しくない宮位にあるのを陥あるいは落陥と言います。星曜の短所が容易に現れやすく、長所は容易に発揮されません。また、明るさの順に、廟・旺・地・利・閑・平・陥となります。

以下、諸星十二宮廟陥に関連する七つの表を掲載します。

(1) 紫微星などの十四主星廟陥表
(2) 年干系統の諸星廟陥表
(3) 年支系統の諸星廟陥表
(4) 月系統の諸星廟陥表
(5) 日系統の諸星廟陥表
(6) 時系統の諸星廟陥表
(7) 四化星廟陥表

(1) 紫微星など十四主星の廟陥表

星名／宮	子	丑	寅	卯	辰	巳	午	未	申	酉	戌	亥
紫微	平	廟	廟	旺	陥	旺	廟	廟	旺	平	閑	旺
天機	廟	陥	旺	旺	廟	平	廟	陥	平	旺	廟	平
太陽	陥	陥	旺	廟	旺	旺	廟	平	閑	閑	陥	陥
武曲	旺	廟	閑	陥	廟	平	旺	廟	平	旺	廟	平
天同	旺	陥	閑	廟	平	廟	陥	陥	旺	平	平	廟
廉貞	平	旺	廟	閑	旺	陥	平	廟	廟	平	廟	陥
天府	廟	廟	廟	平	廟	平	旺	廟	平	陥	廟	旺
太陰	廟	廟	閑	陥	閑	陥	陥	平	平	旺	旺	廟
貪狼	旺	廟	平	平	廟	陥	旺	廟	平	平	廟	陥
巨門	旺	旺	廟	廟	平	平	旺	陥	廟	廟	旺	旺
天相	廟	廟	廟	陥	旺	平	旺	閑	廟	陥	閑	平
天梁	廟	旺	廟	廟	旺	陥	廟	旺	陥	地	旺	陥
七殺	旺	廟	廟	陥	旺	平	旺	旺	廟	閑	廟	平
破軍	廟	旺	陥	旺	旺	閑	廟	廟	陥	陥	旺	平

(2) 年干系統の諸星の廟陥表

宮＼星名	禄存	擎羊	陀羅	天魁	天鉞	天官	天福
子	旺	陥		旺			平
丑		廟	廟	旺			
寅	廟		陥		旺	平	旺
卯	旺	陥		廟		旺	平
辰		廟	廟			旺	
巳	廟		陥		旺	旺	旺
午	旺	平		廟		廟	平
未		廟	廟		旺	廟	
申	廟		陥		廟		廟
酉	旺	陥			廟	平	廟
戌		廟	廟			平	
亥	廟		陥	旺		旺	廟

(3) 年支系統の諸星の廟陥表

宮＼星名	天馬	天哭	天虚	龍池	鳳閣	紅鸞	天喜	孤辰	寡宿	破砕	華蓋	咸池	天徳	天才	天寿
子		平	陥	旺	廟	廟	旺					陥	廟	旺	平
丑		廟	廟	平	平	陥	陥		平	陥	陥		廟	平	廟
寅	旺	平	旺	平	廟	旺	廟	平					平	廟	旺
卯		廟	廟	廟	旺	廟	旺					平	平	旺	陥
辰		平	陥	廟	陥	陥	陥		陥		廟		廟	陥	廟
巳	平	地	旺	陥	廟	旺	廟	陥		陥			旺	廟	平
午		陥	平	閑	平	旺	廟					陥	旺	旺	平
未		平	陥	廟	陥	陥	陥		閑		陥		廟	平	廟
申	旺	廟	廟	平	閑	廟	旺	平					平	廟	旺
酉		閑	旺	廟	廟	旺	廟			平		平	閑	旺	平
戌		平	陥	陥	廟	陥	陥		陥		平		廟	陥	廟
亥	平	平	平	旺	旺	廟	旺	陥					平	廟	旺

(4) 月系統の諸星の廟陥表

宮＼星名	左輔	右弼	天刑	天姚	解神	天巫	陰煞	天月
子	旺	廟	平	陥	廟		陥	
丑	廟	廟	陥	平	平			
寅	廟	旺	廟	旺	廟	平	閑	平
卯	陥	陥	廟	廟	廟			陥
辰	廟	廟	平	陥	廟		陥	閑
巳	平	平	陥	平	旺	陥		陥
午	旺	旺	平	平	廟		廟	陥
未	廟	廟	陥	旺	平			平
申	平	閑	陥	閑	閑	陥	陥	
酉	陥	陥	廟	廟	旺			
戌	廟	廟	廟	廟	廟		平	陥
亥	閑	平	陥	陥	閑	平		廟

(5) 日系統の諸星の廟陥表

宮＼星名	三台	八座	恩光	天貴
子	平	陥	平	廟
丑	廟	廟	廟	旺
寅	平	廟	平	平
卯	陥	平	廟	旺
辰	廟	旺	廟	旺
巳	平	廟	平	平
午	旺	旺	廟	廟
未	廟	平	旺	旺
申	平	廟	平	陥
酉	廟	廟	陥	廟
戌	旺	平	廟	旺
亥	平	廟	閑	平

(6) 時系統の諸星の廟陥表

星名／宮	文昌	文曲	地空	地劫	台輔	封誥	火星	鈴星
子	旺	廟	平	陥	廟	廟	平	陥
丑	廟	廟	陥	陥	廟	旺	旺	陥
寅	陥	平	陥	平	廟	廟	廟	廟
卯	平	旺	平	平	平	廟	平	廟
辰	旺	廟	陥	陥	旺	平	閑	旺
巳	廟	廟	廟	閑	平	陥	旺	旺
午	陥	陥	廟	廟	旺	廟	廟	廟
未	平	旺	平	平	平	閑	閑	旺
申	旺	平	廟	廟	平	陥	陥	旺
酉	廟	廟	廟	平	陥	平	陥	陥
戌	陥	陥	陥	平	廟	旺	廟	廟
亥	旺	旺	陥	旺	陥	陥	平	廟

(7) 四化星の廟陥表

星名／宮	化禄	化権	化科	化忌
子	平	閑	旺	旺
丑	廟	廟	旺	廟
寅	平	旺	旺	陥
卯	閑	旺	廟	旺
辰	廟	平	廟	閑
巳	地	平	閑	陥
午	平	廟	廟	陥
未	廟	旺	旺	旺
申	廟	旺	廟	陥
酉	平	平	平	陥
戌	廟	廟	旺	陥
亥	廟	旺	旺	陥

【著者紹介】

張 玉正（ちょう・ぎょくせい）

1958年生まれ。台湾新竹出身。国立交通大学エグゼクティブMBA（EMBA）にて、経営管理学課程を修了、修士。
2002年台湾政府立案、中華易経命理協会創立。同協会理事長。1999～2011年新竹県文化局、新竹科学園区、社区大学等で易経、企業風水、紫微斗数生涯計画を教授。
著書に、『三元玄空地理精要』『紫微斗數改運要訣』『細論紫微一四四局』『紫微斗數推斷秘訣』『易經風水秘訣』『紫微斗數生涯規劃』『羅盤操作與企業陽宅規劃』『風水祖師楊救貧堪輿實證』『細說中國帝陵風水』『羅經詳解』等がある。

林 秀静（りん・しゅうせい）

命理学研究家。1990～1998年、台湾の老師より専門的に五術を学ぶ。風水学、中国相法、八字、紫微斗数、卜卦などを修得。1999～2008年、玉川学園漢方岡田医院にて、命証合診を研究する。その後、2013～2016年、台湾に留学。張玉正老師より、風水学と紫微斗数をさらに深く学ぶ。1998年独立以来、執筆をはじめに、幅広くマスコミで活躍。著書に『日本で一番わかりやすい四柱推命の本』（PHP研究所）など、国内外で約70冊を発刊。翻訳書に『実証！ 風水開祖・楊救貧の帝王風水』『【実証】中国歴代帝王・王妃の帝陵風水』（太玄社）がある。

【秘訣】紫微斗数2　格局と開運法

2020年11月23日　初版発行

著　者――張 玉正（ちょう・ぎょくせい）・林 秀静（りん・しゅうせい）
装　幀――中村吉則
編　集――初鹿野剛
本文DTP――Office DIMMI

発行者――今井博揮
発行所　株式会社太玄社
TEL 03-6427-9268　FAX 03-6450-5978
E-mail:info@taigensha.com　HP:https://www.taigensha.com/

発売所――株式会社ナチュラルスピリット
〒101-0051　東京都千代田区神田神保町3-2　高橋ビル2階
TEL 03-6450-5938　FAX 03-6450-5978

印刷――――シナノ印刷株式会社

ISBN 978-4-906724-59-8 C0011
Printed in Japan

【秘訣】紫微斗数1
命盤を読み解く

張 玉正・林 秀靜【著】

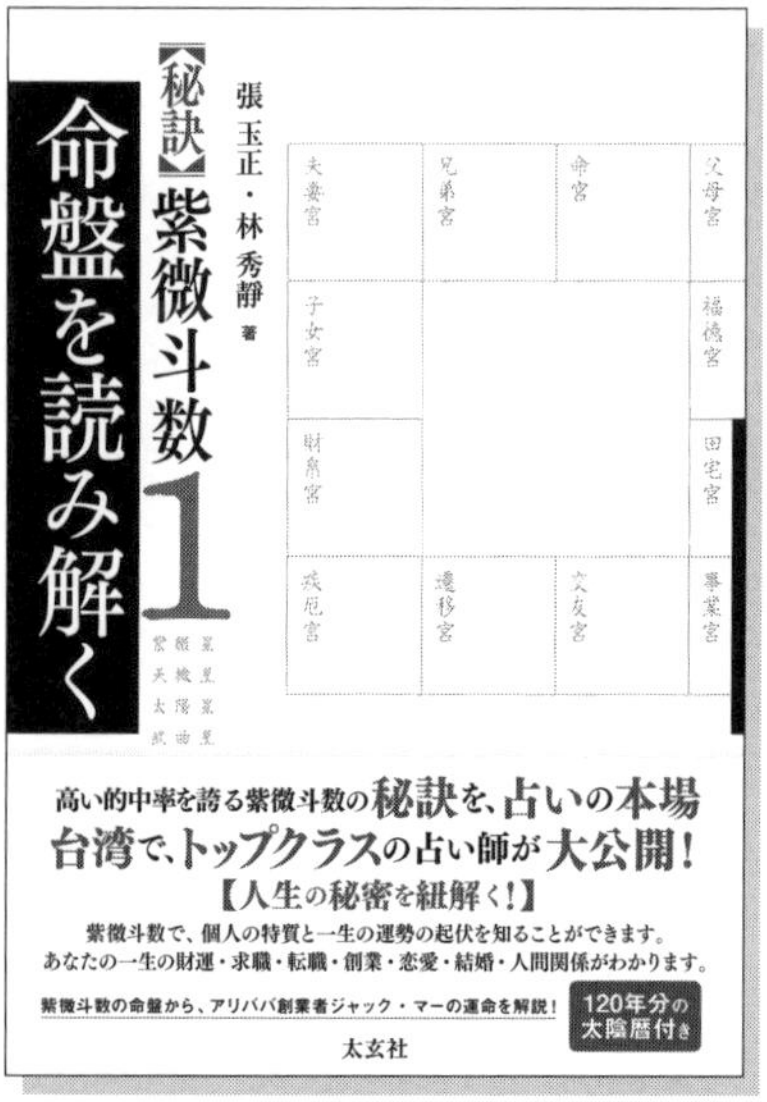

A5 判並製本／定価 = 本体 3100 円+税

高い的中率を誇る紫微斗数の秘訣を、
占いの本場台湾でトップクラスの占い師が大公開！

紫微斗数とは、
生年月日時を太陰暦に変換して占う
人の運命や運勢などを判断する占術です。
命盤を読み解くことで、
あなたに与えられた
「使命」「過去からの試練」を理解し、
細かく分析することができます。

お近くの書店、インターネット書店、および小社でお求めになれます。

【実証】中国歴代 帝王・王妃の

帝陵風水

張 玉正【著】 林 秀靜【訳】

A5 判上製本／定価＝本体 6500 円+税

帝王のお墓から学ぶ秘儀の決定版！
『実証！風水開祖・楊救貧の帝王風水』の第二弾！

風水的観点に立って、
百座近い皇帝と王妃の陵寝から歴代の王朝の栄枯盛衰を
オールカラーで解説しています。
歴代の帝王・王妃がその地になぜ葬られたのかが推察できるだけでなく、
堪輿術（地理風水）の極意がすべて読み解ける最高の風水教科書です。
きっとそう遠くない未来に堪輿術は神秘のベールを開いて
次第に顕学となっていくことでしょう。

お近くの書店、インターネット書店、および小社でお求めになれます。